列宇翔 著

屍變

殭屍・喪屍・吸血鬼

傳說

前言

源遠流長的屍變傳說

殭屍、喪屍、吸血殭屍，在電影世界裡，它們的形貌、來源、能力均截然不同，一眼便可分辨無誤。其實，這些異物並非只活在幻想之中，其根源來自人類古老相傳的恐懼——屍變。

吸血鬼的蹤跡

2012 年 10 月，一群在康涅狄格州格里斯沃爾德山坡礫石礦附近玩耍的孩子，發現了一個墳墓。

其中一人跑回家告訴母親，媽媽起初持懷疑態度——直到那兒找到一個頭骨。

警方初時認為這些骸骨可能是當地一個名叫邁克爾羅斯的連環殺手所為，遂將該地區列為犯罪現場。但原來，這些褐色、腐爛的骨頭已有一個多世紀的歷史。

美國紐英倫（緬因州、新罕布夏州、佛蒙特州、麻薩諸塞州、羅德島州、康乃狄克州）到處都是這樣沒有標記的家族墓地，這次發現的 29 座墓葬約於 1700 年代和 1800 年代早期：死者多數是兒童，被安葬在節儉的木棺中，沒有珠寶，甚至沒有太多衣服，他們的手臂放在兩側或交叉在胸前。

唯獨 4 號墓葬有點異常。它是墓地僅有的兩個石墓之一。

考古學家用平刃鏟子、刷子和竹鎬刮掉土壤，在到達墓穴頂部之前穿過了幾英尺的泥土。當移開墓頂第一塊大而平坦的岩石時，他們發現了一具紅色棺材和一雙骷髏腳的殘骸。接著映入其眼簾的是，此骸骨其餘部分，竟遭人完全重新排列了。屍骸已被斬首，頭骨和大腿骨置於肋骨和椎骨上……看起來彷彿一個骷髏交叉骨圖案，像一面海盜旗。

分析表明，斬首及其他傷害，包括肋骨骨折，發生在死者死後大約五年。這意味，有人打開棺材，對遺體做了些什麼手腳。

究竟是什麼驅使那些人如此對付一個死了五年的孩子？此舉實在令人大惑不解。

研究者隨後找到線索。在鄰近的康涅狄格州朱伊特市，1854 年，市民挖開幾具疑似有吸血鬼的墳墓，大費周章把屍骸折騰一番，再重新埋葬。相傳這些屍體正從墳墓裡爬出來殺害活人。報導這些事件的報紙有幸給保存下來，讓後人知道當天發生什麼事情。格里斯沃爾德墳墓的遺骸是否因同樣原因被驚擾？

地理環境方面，格里斯沃爾德與羅德島南部接壤，羅德島亦是充滿吸血鬼傳說的地方。據羅德島歷史保護與遺產委員會的民俗顧問貝爾研究，最早可以追溯到 1700 年代後期到 1800 年代，紐英倫偏遠地區發生過約 80 次的「開棺驗屍」，為的是懷疑墓中發生屍變。他認為還有數百宗案件有待發現。那些有記錄的事件，只是冰山一角。

歷史上，吸血鬼的蹤跡並不如想像中罕見。當然，這是指古時的人「相

信」有吸血鬼襲人，並不代表真的有這麼一回事。難以置信的是，昔日大城市的報紙記者也曾在頭版大肆宣揚「迷信」。一位任職旅遊部的官員在日誌中記錄了 1810 年 9 月 3 日的一次吸血鬼挖掘事件。甚至連美國詩人亨利‧大衛‧梭羅（Henry David Thoreau）也在 1859 年 9 月 29 日的日記中提及一次同類個案。

屍變這種觀念可謂源遠流長。像《舊約聖經‧列王紀下》十三章二十至二十一節：「以利沙死了，人將他葬埋。到了新年，有一群摩押人犯境，有人正葬死人，忽然看見一群人，就把死人拋在以利沙的墳墓裡，一碰著以利沙的骸骨，死人就復活，站起來了。」便明顯是一屍變的個案。但《聖經》記述的事件並不算最古老，從考古學的成果我們可得知，擔心「屍變」的風俗，竟可追溯至舊石器時代！

全人類深層驚魂

人怕死，更怕死不安息。而屍體作祟，不獨死不安息，更侵擾活人，甚至為禍親人。屍變現象，是古今中外皆有傳聞的全球現象。年代上，古至西歐青銅年代、美索不達米亞蘇美史詩，近至近代南洋；地埋上，西方如歐洲(尤其東歐)，東方如中國、印尼、馬來西亞，莫不有或異或同的屍體變異傳說。如果說這僅是「迷信」，那麼這迷信也未免太「地球村」了，最起碼也是一項不該輕視的人類共同文化現象。

以下的吸血鬼傳聞可謂人盡皆知：要對付吸血鬼，可以挖開墳墓，用木樁釘住屍體或砍掉其頭顱。在一些墓地考古學，上述「傳說」得到印證。在整個歐洲，這種經過改造的墓葬方式稱為「吸血鬼墓葬」或「異常墓葬」，因為它們與當時的傳統墓葬不同。

別以為這些現象只發生於很古老的民智未開年代。《德意志民俗研究地

圖集》（Atlas der deutschen Volkskunde）團隊於 1930-1935年間進行問卷調查，大約兩萬名受訪者就不死族、吸血鬼等傳聞提供大量例證。

有一則來自波蘭，寫於 1674 年的故事，描述了一個小社區被一個變成惡魔並喝人血的人所困擾。當地牧師要求將他挖出，並將屍體以俯臥（面朝下）的姿勢重葬，世人認為這可防範吸血鬼。在許多地方，俯臥葬被視為防止屍體變成吸血鬼的手段。

有趣的是，在保加利亞和希臘，人們反過來認為俯臥埋葬實際上會產生吸血鬼。有村民按照傳統作法，把疑為吸血鬼的屍體翻了過來，但「他」又從墳墓裡爬起來，更把自己的兒子害死。之後墳墓再次被打開，把「吸血鬼」斬首，這才中止了鬧，使村民們重獲平靜的生活。

17 世紀，人們開始相信吸血鬼會從受害者身上吸取生命之血。一本 1693 年的著作便描述吸血鬼如何「吸食活人血液，導致人們虛弱，最終導致他們死亡。」

1723 年，塞爾維亞村莊麥德維加（Medvegia）的一名士兵 Arnold Paole 認為他在科索沃時遭到吸血鬼所害。為了打破詛咒，他吃了吸血鬼墳墓裡的一些泥土，並用吸血鬼的血塗抹在自己身上。數週後，他從一輛乾草車的後座上摔下來死亡，傳說他以吸血鬼的身份回到村裡。據報導，他殺死了他的四個鄰居，將他們都變成了吸血鬼。

1924 年，一份塞爾維亞報紙報導了一名寡婦，她死去的丈夫跑回房子，

嚇壞了家人。這些訪問顯然每晚都持續了一個月，直到決定挖掘這名男子，用山楂木樁刺穿他並火化他。

天然與人為的屍變

美洲、東歐、北歐、澳大利亞、德國、英國、蘇格蘭、中國、印度、馬來西亞……世界各地皆有各種屍變或類似吸血鬼（殭屍）的傳說，箇中不乏驚人相似之處。屍變是真有其事抑或愚民妄言？

筆者認為，種種屍變故事可粗略分為兩類：一種是「天然」的，遺體因各種未可知的原因而自行產生變化，姑勿論那是自然如病毒影響，還是超自然如邪靈、陰氣等侵擾，總之屍體是無端端死而復生的，諸如吸血鬼及中國殭屍等。

另一種屍變則是「人為」的，例如以黑魔法、巫術或趕屍術，由法師、巫師、趕師匠等人藉種種手段來操縱屍體，像海地喪屍、湘西趕屍便屬此類。就此兩種，本書均有所討論。

無論如何，殭屍、喪屍、吸血鬼已「活」在世上心中，陰靈不散，你可以藐視，但難以無視，何不放開成見略窺一二？最起碼在觀賞電影電視文學小說時，趣味性更豐富一點。

就讓我們展開一場恐怖的追溯之旅！

釋名

如果從華文資料讀到此題目，你或感相當混淆。譬如 Zombie，香港稱爲喪屍，大陸譯爲僵屍（偶爾也譯作喪屍），台灣則稱爲殭屍；至於Vampire，現時香港、中國、台灣大體上統一譯爲吸血鬼，但曾幾何時又譯作吸血殭屍，當時已頗爲人接受。

而「中國殭屍」，來自中文，自然沒有翻譯的問題，但究竟該用「僵」還是「殭」？原來，宋代以降的古籍刊刻本，「殭屍」與「僵屍」二詞往往交互混用，如清代，紀曉嵐《閱微草堂筆記》寫「僵屍」，汪啓淑《水曹清暇錄》寫「殭屍」，大家都是描述同一種東西。由於新中國的簡體字運動把「殭」字廢掉，統一用「僵」，所以在大陸地區，你不會見到「殭屍」，只見「僵屍」；但在港台等堅持用繁體字的地區，卻絕大部分用「殭屍」，不見「僵屍」。

爲了行文需要及避免混亂，本書將採以下稱謂：
Zombie：喪屍或行屍。
Vampire：吸血鬼或吸血殭屍。
中國殭屍：殭屍或中國殭屍。

目錄

Chapter 2
中國殭屍　一遇邪氣便詐屍

目錄

Chapter 3
喪屍　活死人之謎

CHAPTER
1

吸血鬼

地下世界的王者

經典個案1：高門吸血鬼

陰冷憂鬱，彷彿是倫敦的都市性格。舊建築林立的城鎮大街小巷、仿如與世隔絕的鄉郊古堡墓園，孕育出一個又一個疑幻疑真的都市傳說。

1970 年，英國報章刊登過一則駭人聽聞的頭條新聞——高門吸血鬼事件。這故事最初於 1970 年 2 月 27 日由《漢普斯特德》和《高門快報》所報導。

英國北倫敦郊外的高門（Highgate），如今是郊外住宅價格最高昂的地區之一，但在百年以前，那裡仍舊是一處農村。一則 50 多年前沸沸揚揚的都市傳說，正發生在高門一所建於 1839 年的古老墓園裡。

1960 年代，倫敦北部的高門公墓破敗不堪，長滿常春藤，墓碑殘破，很易把埋在下面的屍體暴露出來。

1967 年，兩個青春可人的 16 歲少女，攜手前赴高門的村莊探望友人。眼見夜色將臨，她們與朋友道別，正要歸家。回程路上，途經一座墓園，兩人好奇心起，從墓園北閘望進去，駭然給眼前景像嚇得幾乎暈到，她們竟見到一群屍體從墳中爬出來。魂飛魄散的她們當然慌忙逃去。

其中一個女孩伊麗莎白·沃伊迪拉（Elizabeth Wojdyla）之後發噩夢，她夢見一個邪惡的男人試圖穿過她的窗戶。英國超自然學會會長肖

恩曼徹斯特得悉事件，前去幫助伊麗莎白，他用聖水灑在房間，並報告說看到伊麗莎白的脖子上有兩處刺傷，可能是被咬傷留下的。

自兩名女孩有此經歷之後，三年來，陸續有人看到不祥東西出沒。數周後，一對情侶報稱在墓園看見一隻怪異生物，於鐵閘附近徘徊。二人嚇到動也不敢動，因為他們察覺，那生物亦發現他們，還盯著兩人看！那生物之神情，實在教人心寒。

據說之後陸續出現類似的目擊個案，居民分別見過一名白衣女子、一名戴帽子的男子、一個紅眼睛的高大身影，以及幽靈般騎自行車的人。最公開活躍的證人，是煙草商大衛法蘭特，他在 1970 年報告說看到了一些「看起來已經死了一段時間的東西」。不過，他的描述在接下來的 30 年裡並不一致。在 1970 年 2 月 6 日，大衛法蘭特在一封信裡聲稱，他在斯溫斯山頂的北門看到了幽靈。

更有人聲稱被一個渾身黑色的「人」捉個正著，重重摔在地上。繼而有目擊者致函報社，公開他們的遭遇。沒多久，高門發生異狀，很多動物莫名奇妙死去，而且血都被吸乾。

這時候，村民心裡無不暗暗擔憂：那不是吸血鬼又是什麼？ 1969 年，一名叫 Sean Manchester 的男生向記者聲稱，他知道墓園內的真相：原來自 18 世紀，墓園便住著一隻吸血鬼，它本來一直沉睡，近日卻被撒旦喚醒，意圖為禍世人。若想降伏魔物，方法只得一個，便是以木樁貫穿其心臟，再砍下頭顱，一把火將屍身燒毀。

　　村民對此似乎深信不疑。1970 年 3 月 13 日，衆人組成隊伍，浩浩蕩蕩進軍墓園打算誅滅吸血鬼。豈知反高潮的是，他們翻遍墓園，什麼吸血鬼、什麼從墓中爬出的行屍、什麼黑衣大力士，皆無蹤無影！雖然 Sean 堅稱吸血鬼就在那裡，但畢竟勞師動衆後一無所獲，他說話的眞實性就成疑了。事件仍在一團迷霧之中。

　　事件仍有後續。曾替女孩驅魔的肯恩曼徹斯特一直在調查墓地中的各種目擊事件，他反對有鬼魂在高門公墓遊蕩的說法，反而認爲在那裡出沒的是更糟糕的——吸血鬼。他告訴媒體，來自土耳其附近的中世紀瓦拉幾亞的貴族國王，因爲曾在羅馬尼亞學習黑魔法，故在死後能夠再次走上街頭，成爲了「不死族」。「18世紀初，國王的追隨者將他裝在棺材裡帶到了英國，並在倫敦爲他買了一所房子——他邪惡的安息之地成爲了高門公墓。」

　　曼徹斯特聲稱，吸血鬼經常以高門爲中心，並由於一連串對撒旦的嚴重褻瀆，致使吸血鬼國王從墳墓中復活。他提出要驅除吸血鬼：「按照傳統和公認的方式——在周五和周六黎明時分，用一根木樁穿過它的心臟，用掘墓人的鏟子砍下它的頭，然後埋葬剩下的東西。這就是幾個世紀前神職人員所做的。但我們今天若這樣做會觸犯法律。」

　　1970 年 3 月，大衛・法蘭特回到他第一次目睹幽靈的地方，發現了一隻死狐狸。他告訴媒體，狐狸被發現死在墓地，沒有明顯的死因。

　　高門吸血鬼的傳說促成了「高門吸血鬼協會」的成立。協會由大衛法蘭特領導，他聲稱在墓地裡看到了一個 7 英尺高的吸血鬼，紅眼睛，當

他正想看清楚時，吸血鬼消失了，留下了「一種壓倒性的邪惡感覺。」該協會初時有來自世界各地多達 60 名成員，包括來自美國、澳大利亞和新西蘭。然而，另一個組織，由曼徹斯特領導的「吸血鬼研究協會」猛烈抨擊法蘭特的組織，他們聲稱吸血鬼已於 1974 年被驅除。

曼徹斯特為公墓驅魔時為 1970 年 8 月。當時，查爾斯‧費舍爾‧韋斯（Charles Fisher Wace）墳墓被懷疑是吸血鬼巢穴。曼徹斯特被吸血鬼的受害者之一、夢遊的盧西亞（Lusia）引領下去到墳墓，她的脖子上有兩個咬痕。

曼徹斯特發現了滿是空棺材的陵墓，裡面裝滿了大蒜，顯然之前有人嘗試驅魔但無效。曼徹斯特記錄他去到另一個陵墓，打開棺材蓋子，發現一個吸血鬼「被別人的鮮血吞噬並散發著臭味」，「呆滯的眼睛盯著、幾乎是在嘲笑我。」他此時並沒有用樁釘穿吸血鬼，而是用加了大蒜的水泥把棺材封起來。

1977 年，有傳聞說吸血鬼被重新喚醒，並在附近一所房子的地下室裡出沒。1982 年，曼徹斯特意識到盧西亞雖然是所謂的吸血鬼受害者，但實際上她自己也是吸血鬼，他自己前赴盧西亞的墳墓，意圖終結高門吸血鬼再鬧事。在墓裡，他遇到了一隻巨大的蜘蛛狀生物，曼徹斯特把它放了下來，沒料到蜘蛛又變成了盧西亞。曼徹斯特認為，她永遠回到墳墓裡了。

大衛‧法蘭特仍在尋找高門吸血鬼，據報導，他在 2005 年看到一個類似吸血鬼的「人」後回到高門。他告訴傳媒，「四月份在斯溫斯巷看

到一個高大的黑色身影讓我覺得吸血鬼又活躍起來了。」在那次訪問之後，他重新啟動了 2000 年解散的高門吸血鬼協會。

報章報道人們闖進墓園打算誅滅吸血鬼的經過。

老墓園大門

經典個案2：萊比錫與麥德維加吸血鬼

　　在 1725 至 1734 年間，奧匈帝國的塞爾維亞境內一條名為基辛諾娃（ Kisolowa ）的村落，發生了一件極度稀奇古怪的事。事件之初，村民彼得·普洛戈喬維茲（ Peter Plogojowitz ）過身了，在他死後八天內，村內九人皆做了個惡夢。他們夢到普洛戈喬維茲壓在身上，用力握掐他們的脖子。夢境出現後不久，九人都離奇逝世了！

　　基辛諾娃村相傳在土耳其人統治時已出現過吸血鬼，因此這次村民坐不住了，紛紛要求開棺驗屍，以確認普洛戈喬維茲是否吸血鬼。結果，村民發現那遺體的頭髮、鬍鬚、指甲都繼續生長，嘴裡有血，

還要尚未凝固！

村民都抓狂了，馬上動手對付這具疑為不死者的屍體，先以尖木棍刺穿其心臟，此時它口耳均流出大量鮮血，再把屍身燒成灰燼。事件過程被奧地利皇室的管理員弗洛姆鮑爾德（Frombald）記錄下來，並於1725 年 4 月 6 日，發表了一份本案的詳細報告。其後學者米歇爾‧蘭夫特（Michael Ranft）讀到這份報告，著手調查事件始末，於 1728 年發表博士論文《論墳墓中死者的咀嚼與呕嘴現象》(De Masticatione mortuorium in tumulls) 來分析個案，他認為這只是一場集體歇底里的精神病事故。在這事件中，神學家、醫生、研究者紛紛參與調查。

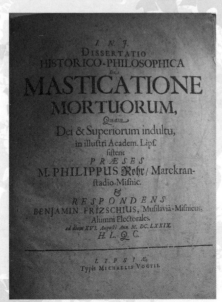

《論墳墓中死者的咀嚼與呕嘴現象》

1731 年底，距離基辛諾娃村 300 公里的麥德維加（Medvegia）又發生類似的睡夢遇邪事件。事緣，一名叫阿諾德‧保勒（Arnold Paole）的屯兵從乾草車墮下身亡。這人生前聲稱曾在戈索亞（Gossowa）受吸血鬼滋擾，為了與之對抗，他根據民間傳說，吃下了吸血鬼墳墓的泥土，並把妖物之血塗在身上，藉以擺脫吸血鬼的糾纏。雖然這方法可得一時安寧，但村民卻相信保勒死後也會因此變成吸血鬼。保勒死後，陸續有村民夢見保勒，最恐佈的是，先後有四名做怪夢的村民離奇死亡！

村民等不及政府批准，連忙挖屍查看，果然保勒的眼、耳、口、鼻皆流出鮮血，原先的皮膚和指甲都脫落了，但又長出新的。村民認定它是吸血鬼，用木樁貫穿其心臟。保勒發出清晰可聞的嘆息，流出大量鮮血。至於那四名怪夢死者，則以同樣措施處理。

然而，事情並未就此過去，依然有人忽生重病死去。原來保勒不止襲擊人類，還吸了牲蓄的血，有些村民卻吃了那些牲口，因而染疾。於是人們再次驗屍，挖出 15 具可疑屍體。

當中五人遺體顯然受蟲噬及正常腐爛，但另外十具屍體卻不尋常。有些屍首狀況被形容為「比生前還好」，彷彿死後吃飽喝足般。那一具疑為不死族的被砍頭及焚燒處理，骨灰棄置摩拉瓦河。事件鬧至軍事機關，軍方派出上尉軍醫約翰‧弗理欽格（Johann Fluckinger）伙同兩個部隊成員及一名傳教士前赴調查，上尉軍醫撰寫了調查報告。

兩宗案件究竟是真是假？不普羅大眾想知道，連普魯士國王腓特烈‧威廉一世（Friedrich Wilhelm 1）也想得知真相，更委派柏林皇家學

院提交一份評估報告。

　　這些涉及吸血鬼的民間報告，只屬冰山一角。

普魯士國王腓特烈・威廉一世也想知道吸血鬼的真相

經典個案3：羅德島吸血鬼

芸芸經典吸血鬼個案中，羅德島吸血鬼事件特別具代表性。主角是莉娜‧布朗（Mercy Brown），她的故事在全世界掀起了波瀾。

Mercy 活在 19 世紀後期，家人愛稱她為莉娜（Lena）。莉娜一家人住在羅德島的埃克塞特——廢棄的埃克塞特，它被戲稱為邊境城鎮之一。

羅德島州是宗教異見者的避風港。早在 1800 年代，位於美國大陸東北角的紐英倫（New England）區域，住著大量異教徒，只有大約 10% 的人屬於教會。羅德島最初是作為宗教異見者的避風港而建立的。整宗事件的發展，也與這種氛圍不無關係。

19 世紀後期，埃克塞特與紐英倫大部分地區一樣，人口稀少。美國內戰為社區帶來重大傷害，西部更富裕的土地亦吸走了年輕人。到 1892 年，埃克塞特的人口只剩九百多人。農場被遺棄，許多更被政府沒收和燒毀，部分地方看起來像一座鬼城。

當時，羅德島剩下的家庭已聊聊可數，而他們都受一種不知名疾病所困擾。18 世紀一篇文章描述形容患者：「這個瘦弱的身影令人毛骨悚然，額頭上佈滿了汗珠；臉頰染上鐵青色，眼睛沉了下去……呼吸急促，急促而費力，咳嗽不止。」彷彿有什麼東西正在吸噬他的血液和生命。居民深信，那東西便是吸血鬼。事實上，當地曾不止一次發生吸血鬼恐慌。

布朗一家住在城鎮的東部邊緣，布朗夫婦和七個孩子正受到結核病困擾。1882 年 12 月開始，這一家的成員陸續神秘死亡。莉娜的母親瑪麗‧伊麗莎是第一個。六個月後，莉娜的妹妹瑪麗‧奧利弗（Mary Olive）也去世了。一份當地報紙的訃告說：「她活著的最後幾個小時遭受了巨大的痛苦，但她的信念堅定，她已準備好接受改變。」全鎮的人都出來參加她的葬禮。

幾年之內，莉娜的兄弟，身材魁梧的艾雲（Edwin）也生病了。他獨自前往科羅拉多斯普林斯，希望氣候能改善健康狀況。

在母親和姐姐去世時，莉娜還是個孩子。十年後的 1892 年 1 月，莉娜也因病逝世了。一名醫生在為她治療時，曾告訴其父親，「進一步的醫療救助是無用的。」從莉娜的訃告：「一直飽受消費折磨的莉娜‧布朗小姐於週日早上去世。」我們可得知，莉娜應該也病了許久。

莉娜去世時，由於地面太硬，難以埋葬，因此她被安葬在陵墓中。當時她的兄長艾雲已回到羅德島。艾雲的病情本來在外面得到短暫紓緩，當莉娜臨終時，艾雲的情況已變得十分糟糕。

一些鄰居擔心自己的健康，其中幾人找上布朗先生——身為父親的喬治‧布朗，對他一家的悲劇提出另一種看法：也許一股看不見的惡魔正在襲擊他的家人。

鎮內有流言風語，說三位離世的布朗女性（母親及姐妹）其中一位根本沒有死，從墓裡回家「享用艾雲的血液」。一股吸血鬼恐慌在煽動蔓延，有人建議艾雲挖出他的母親和姐妹，檢查他們心臟中是否有新

鮮血液，如果屍體沒有腐爛，就把心臟挖出來燒掉。只要把有罪的屍體摧毀，那麼艾雲就會康復。

喬治‧布朗贊同了。1892 年 3 月 17 日上午，一群人挖出了屍體，旁邊有家庭醫生和《普羅維登斯日報》記者在看著。將近十年過去了，莉娜的姐姐和媽媽屍體已經腐爛得很厲害。然而莉娜雖然死了幾個月，但當時是冬天，陵墓中的寒冷氣溫似乎把她的屍體保存得相當完好。

莉娜軀體似乎被時間凍結了，村民認定她是吸血鬼。記者後來報道：「她的心臟和肝臟都被切除了，心臟切開了，發現凝結和分解的血液。」莉娜的肝臟和心臟被取出並燒毀，艾雲將灰燼混合成液體喝了下去。相傳這樣做可以解除吸血鬼的詛咒。但事與願遺，幾個月後，艾雲就去世了。

被人認定是吸血鬼的莉娜‧布朗

　　歷史學家認為，結核病是整個東北紐英倫居民大量死亡的主要原因，幾乎佔所有死亡人數的四分之一。結核病患者發病後，經常延綿數年：高燒、咳嗽致流血、身體明顯消瘦。為莉娜開棺的臨時屍檢中，醫生發現 Lena 的肺部「顯示出瀰漫性結核菌」。

　　莉娜・布朗（Lena Brown）故事的傳播範圍比他們知道的要遠得多。莉娜・布朗的挖掘驗屍成了新聞，登在報刊上。隨後，一位名叫喬治・斯泰森的著名人類學家前往羅德島探索周邊地區的迷信現象，並將考察結果發表在美國人類學家雜誌上，斯泰森對羅德島吸血鬼的描述在全世界掀起了波瀾。不久，連外國媒體也對這一現象提出各種解釋：也許是吸血鬼題材小說無形中推波助瀾，引發了羅德島居民的瘋狂。

　　數年後的 1896 年，小說家布拉姆・斯托克（Bram Stoker）的劇院公司正在美國巡迴演出。他的哥特式傑作《德古拉》於 1897 年出版。有些人把莉娜視為《德古拉》內露西（Lucy）的原型，露西是一個看似十幾歲女孩的吸血鬼，書中同樣有一幕講述露西被挖掘出來，巧合的是同樣有位醫生主持了露西的挖掘工作，恰如莉娜的故事一般。

　　莉娜去世後近一個世紀裡，埃克塞特小鎮仍然人煙稀少，沒有甚麼大變化。直到 1940 年代，埃克塞特西部才安裝電燈，直到 1957 年，該鎮才有了兩名管理員，負責保管流浪牛和豬。到了 1970 年代，埃克塞特演變成富裕的社區。莉娜公墓前的教堂建於 1838 年，據悉這公墓仍在使用。莉娜躺在吃掉她心臟的兄弟，以及讓這一切發生的父親身邊。

莉娜之墓

　　相傳莉娜的幽靈還沒有離開。據說她經常在某道橋上，當她出現時，那兒會散發玫瑰的氣味。有人把錄音機留在墓地，聲稱聽到莉娜在那裡喃喃自語。還有傳言說，莉娜會去看望身患絕症的人，告訴他們死亡並沒有想像那麼壞。

吸血鬼的幻想與真實

　　相對於喪屍的「唯物」與破破爛爛　（你何曾見到一具肌膚完好的喪屍？），吸血鬼 *Vampire* 無疑「屬靈」與「唯美」得多。喪屍很少刻劃成懂魔法飛天遁地，它們多半是病毒感染，或者是透過巫醫借助毒藥控制活人而成。但吸血鬼——尤其是熒幕上的——則不乏俊男美女，活了千年仍生活優雅，唯獨是蒼白的臉孔上，嘴角殘留著點鮮血。

可塑性極高的邪惡

　　電影上，喪屍是驚慄恐怖片的要角，而吸血鬼，則既可陰森，也可耍帥；可以出演恐怖片的妖邪、動作片的魔王，乃至愛情片的主角。論派頭與可塑性，自然較喪屍稍勝一籌。這當然是銀幕上的形象，真實世界的吸血鬼（如果有的話），同樣源自民間的「屍變」傳說。

　　古人相信，屍體若處理不善，便會從墳墓中甦醒，襲擊活人，成為吸血的殭屍(順帶一提，Vampire曾幾何時多半譯為吸血殭屍，後來隨著形象在文學與影視媒介上慢慢轉變，大家覺得它的「屍」味不濃，另有一番格調，為了區別傳統意義下的殭屍，越來越傾向譯為「吸血鬼」)。雖然，今天大家熟悉的 vampire 一詞，大約晚至 18 世紀才於歐洲湧現，西歐官方文書也要到 18 世紀才出現 vampire 一詞的記錄。然而，遠在詞彙流行之前，吸血鬼傳說早已在鄉郊及城市裡隱隱流

傳，甚至有白紙黑字的文獻記載，這方面後文將細述。

吸血鬼的形象深入民心。圖為Bela Lugosi as Dracula（1931）劇照。

集體創作產物

　　所以，吸血鬼並不是百分百的文學幻想產物。不過，如今我們所認知的吸血鬼形象，已經過大量人工添加，無限次再創作。大體而言，吸血鬼的特性如下：

1.吸血鬼以吸取人類鮮血維生。

2.相比人類，吸血鬼擁有極其悠長，近乎永恆的生命。

3.晝伏夜出，害怕陽光。

4.面色蒼白，長著獠牙，指甲尖而長。

5.體能和爆發力遠超常人。

6.擁有超自然能力，懂幻化，如變爲蝙蝠。

7.害怕銀製武器和大蒜。若被木錐刺破心臟將死亡。

8.一般刀劍及槍彈不能殺死吸血鬼。

9.被吸血鬼咬過的人，也會變爲吸血鬼。

10.形象不一定醜陋，可以是俊男美女。

　　當然，視乎不同作品的描繪，它的特徵未必百分百與上述一樣，但通常大同小異。如果你對較早期的吸血鬼形象略具瞭解，或會發現，「古屍」與「新屍」之間，最大的變化，在於年紀；以前的年紀老邁，現今的年輕兼型英帥靚正！而最經典的吸血鬼造形，來自堪稱最有名的吸血鬼──德古拉伯爵。

吸血鬼之祖——德古拉伯爵

在一座古堡裡，一位年紀老邁，面容既蒼白復滄桑的老人，佇立窗邊，外面雷雨翻騰。他臉龐如鷹，鼻樑高挺，鼻尖曲如弓；身裁瘦長，但很結實，舉手投足流露貴族的氣質。與常人不同之處，在於他指甲細長鋒利，掌心長著白毛。他的嘴唇異常鮮紅，張開口，可見到潔白及極其尖銳的牙齒，如果走得近，你會嗅到陣陣濃烈的口氣。

他便是德古拉伯爵，吸血鬼之祖。

德古拉的起源

其實，說德古拉伯爵是吸血鬼之祖，實在有點誇張。論起源，歐洲民間很早已有吸血鬼的傳說，並非源自小說《德古拉》；論文學，該書也不是有史以來第一部創作吸血鬼故事的作品。論故事，書中也未聲稱德古拉是亙古以來最早出現的吸血鬼。但是，日後不少文學作品，提及吸血鬼源流之際，往往明示暗示德古拉是吸血鬼之祖。姑勿論如何，在屍界，伯爵先生之盛名，沒人敢懷疑。

早在《德古拉》出現之前，詩人、作家、劇作家已經爲此題材創作了差不多一個世紀。例如，約翰‧濟慈的《拉米亞》(1884年)和塞繆爾‧泰勒‧柯勒律治的《克里斯塔貝爾》(1797-1800)，兩首均是以吸血鬼爲主題的詩歌。

　　1819 年，英國 New Monthly 雜誌發表了一篇名爲《吸血鬼》(The Vampire，作者署名是 Lord George Gordon Byron，實際眞正作者是 John William Polidori)，此作品亦影響日後的吸血鬼文學。

　　1816 年，一個文學小團體在日內瓦湖邊的迪奧塔蒂別墅避暑，成員包括拜倫、約翰‧波利多里 (John Polidori)、珀西‧雪萊 (Percy Shelley)、瑪麗‧戈德溫 (Mary Godwin，她是雪萊的未婚妻)。他們說好要每人寫一篇鬼怪故事，結果詩人拜倫和雪萊都沒有寫成，瑪麗卻完成了故事，那就是後來出版的《科學怪人》(Frankenstein)。波利多里也交貨了，不過他的故事很多元素都取材自拜倫放棄了的意念，最後衍生了短篇小說《吸血鬼》(The Vampire)。這部作品於 1818 年改編爲大受歡迎的法國音樂劇，該戲劇令 19 世紀中期出現一股吸血鬼熱潮。

　　1838 年埃德加‧愛倫‧坡 (Edgar Allan Poe) 的《麗姬亞》(Ligeia) 短篇小說，講述一個不願留在墳墓裡的妻子 (吸血鬼) 之故事。

　　1890 年代，奧古斯都‧黑爾 (Augustus Hare) 的《我的生活的故事》裡，出現坎伯蘭郡克羅格林‧格蘭奇 (Croglin Grange) 的吸血鬼傳說，講述 1875 年到 1876 年之間，一所舊房子租給了一個女人和她兩個兄弟——阿米莉亞 (Amelia)，愛德華 (Edward) 和邁克爾‧克蘭斯威爾 (Michael Cranswell)。某個夏天，一隻有著棕色的臉和火紅眼睛的吸血鬼侵入阿米莉亞的房間，吸血鬼咬嚙女人的喉嚨。當愛德華和邁克爾進入房間時，怪物立即離開。後來，他們再遇到這吸血鬼，哥哥成功射中了它的腿，一直追蹤到當地公墓，在那裡發現了吸血鬼的屍體，腿上有著傷

口。最後,他們把怪物燒掉。

經典之作　源自一場夢

1897 年,作家布拉姆·斯托克 (Bram Stoker)創作了吸血鬼德古拉伯爵的小說。一切源於他的的一場噩夢。有一晚,他夢見一具活屍,於深宵時分,從墓穴中復甦,然後四出遊蕩,襲擊活人並吸食鮮血。一部經典著作,就在噩夢的靈感下催生。

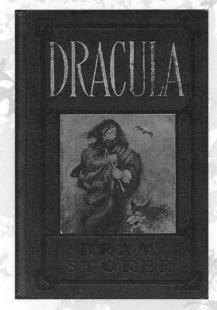

布拉姆·斯托克於 1897 年發表《德古拉》小說,奠定日後吸血鬼的標準形象。

儘管吸血鬼於 19 世紀末在文學界大受歡迎,但斯托克的《德古拉》第一版雖賣出了 3,000 冊,但在當時並不算暢銷書。但直到 30 年後這本書被拍成電影,它才成為流行經典。

自斯托克的《德古拉》以來,吸血鬼文學也一直極受歡迎。斯托克的前傳小說直到 2018 年才由 J.D. Barker 撰寫,名為《德古拉源起》(Dracula）。它入圍了 2018 年布拉姆斯托克獎最佳恐怖小說獎，講述年輕的布拉姆‧斯托克（Bram Stoker）的故事，他把時間鎖在一座修道院的塔樓裡，與一隻隻手持鏡子、十字架、聖水和槍的可怕野獸搏鬥。這旨在為斯托克因何吸血鬼小說提供背景，令《德古拉》的成書起源，更為疑幻疑真。

這部《德古拉》，儘管屬虛構，小說裡卻出現大量吸血鬼的民間傳說。雖然 19 世紀中葉以前，吸血鬼的故事，多半是民間傳聞，還是口耳相傳那一種，一代傳一代，一鄉傳一鎮。唯研究者相信，斯托克曾長期研究吸血鬼的故事、資料，經常翻閱倫敦大英博物館的地圖。但更讓人相信的是，他實際以一位真相的歷史人物作為藍本。

德古拉的藍本

斯托克在構思小說時，最初只寫下「吸血鬼」（Vimpire）一詞，直至 1890 年夏天，斯托克在惠特比（Whithy）的圖書館翻閱一本中歐歷史書時，才選定一個名字──德古拉。那本書是駐布達佩斯的英國前領事威廉‧威爾金森（William Wilkinson）的《瓦拉幾亞和摩爾達維亞諸公國紀事》（An Account of the Principalities of Wallachia and Moldavia），書中有記載德古勒（Dracul）和德古拉（Dracula）的名字，其中一條注腳稱：「德古拉在瓦拉幾亞方言的意思是惡魔」

現存資料顯示，布拉姆曾收集大量吸血鬼文獻，並加以鑽研。譬如他接觸過一篇文章《外西凡尼亞迷信》（Transylvanian Superstitions），當中

描述東歐人數百年來都篤信世上存在鬼魂、狼人、女巫和吸血鬼。這篇文章亦提到藏在深山的惡魔學校、日落後照鏡會招來厄運等傳說。其中載有對付吸血鬼的方法，布拉姆還特意做了筆記。

他所作的筆記和資料，現在於費城的羅森巴赫圖書館 (Rosenbach Library)，從這些筆記，我們可見到《德古拉》的成形過程。

在《德古拉》小說裡，布拉姆把早期文獻裡記載模糊的傳說，加以闡釋和擴充，例如木樁穿心、吸血鬼怕大蒜、從鏡裡看不到吸血鬼等。但有些描述與現今普遍認知不一樣，例如小說角色范海辛指出日光可削弱吸血鬼的力量，但德古拉似乎是例外，他曾在白天現身。而一些今天為人熟稔的吸血鬼特徵，像吸血鬼無法渡過流水、須在家鄉泥土中休息，有研究者相信可能是布拉姆首創。

屍戲迫人

《吸血殭屍：驚情四百年》到
《德古拉伯爵：血魔降生》的愛與恨

這兩齣電影，類型完全不同，一齣是經典俊男美女愛情片，另一是痛快殺敵以一擋千的動作片，稍有常識者也知道不該並排而論。可是，本文無意論高下，只不過想把兩套的共通點：同為演繹吸血鬼一號人物德古拉，聊上幾句。

作為一本講述殭屍檔案的著作，必須指出，兩齣電影在改編小吸血鬼小說《德古拉》外，均意圖融入各地民間吸血鬼傳說的元素，如狼人會蛻變為吸血鬼、吸血鬼可化為蝙蝠、特蘭斯瓦尼亞與土耳其的戰爭等。這些Vampire迷自會領會的趣味，當閱畢本書，你也可自行發掘。

如果說，愛與恨同為電影掀動人情緒的要素，那麼兩電影可謂各執一端。《吸血殭屍：驚情四百年》(Dracula，台譯《吸血鬼：真愛不死》；大陸譯《吸血驚情四百年》) 的德古拉因對妻子的愛，生起對上帝的恨，最終又回歸到愛；《德古拉伯爵：血魔降生》(Dracula Untold，台譯《德古拉：永咒傳奇》、大陸譯《德古拉元年》) 雖大談愛、榮譽與家庭，但終是因對敵軍之恨，而墮入魔鬼的交易。

吸血鬼遠比常人長壽，歲月悠悠，總得找些事情幹，方有樂

趣，否則只是折磨。《驚情四百年》的德古拉是情癡，偏偏愛人不在身邊，早知如此，他可會仍選擇化身為怪物？《德古拉伯爵：血魔降生》的德古拉為了家國才「獻身」，偏偏換來人民的唾棄跟背叛，早知如此，他可會跟吸血鬼交易？「永生是寂寞無聊的」，一句話道盡凡夫俗子對吸血鬼的慨嘆。

《吸血殭屍：驚情四百年》
稱得上經典之作。

《德古拉伯爵：血魔降生》中德古拉可化為蝙蝠。

弗拉德三世血腥傳奇

　　跡象顯示，布拉姆・斯托克在創作《德古拉》前，曾對一位真實出現過的邪惡歷史人物——瓦拉幾亞王子弗拉德・德拉庫拉・采佩什（ Vlad the Impaler，通常稱為 Dracul ），作長期的研究。這位王子成為國王後，人稱「弗拉德三世」。

　　這個瘋狂嗜血的王子，生於 1431 年，出生於外西凡尼亞（ Transsilvania ）。外西凡尼亞被形容為「Ultra Silvam」，意思是「森林外的地方」。此地古稱「古達基亞」（ Antica Dacia ），飽受日耳曼人及羅馬人入侵，戰禍不絕。你看，這是刻意安排抑或如有雷同實屬巧合：小說中德古拉伯爵的故鄉，正正是古達基亞。

　　外西凡尼亞擁有針葉林和山毛櫸林，區內不乏河流、礦山、鹽礦

和古老聖堂。在這鄉下地方，瀰漫濃厚的神秘氣氛，隱藏不少恐怖傳說。

　　「弗拉德三世」流傳至今的形象，具有矛盾的兩重面貌。他既是力抗土耳其侵略的民族英雄，亦是殘酷無情殺人如麻的暴君。

吸血鬼德古拉可能以弗拉德三世為創作藍本。

剝敵皮　行刺刑

弗拉德所生年代，羅馬尼亞地區的瓦拉幾亞公國（Wallachia）受到鄂圖曼帝國（土耳其人建立的多民族帝国）的壓迫，幾乎被吞併。大約五歲那年，弗拉德的父親德拉庫里（弗拉德二世）成為瓦拉幾亞大公。當時瓦拉幾亞公國飽受土耳其的侵擾，德拉庫里由於懼怕鄂圖曼帝國的強大，選擇臣服。土耳其蘇丹穆拉德二世（Murad II）並不信任弗拉德二世，為表忠誠，德拉庫里便把兩個兒子拉杜（Rado）及兒子弗拉德·德拉庫立送到土耳其鄂圖曼皇宮作為人質，過著囚犯般的生活。

那時的鄂圖曼軍隊，以擅於凌虐敵人見稱。土耳其人會把敵人用木樁釘在柱頂上，還要剝皮或行刺刑。弗拉德好的不學，耳濡目染下把這套血腥殘忍的一套學過十足。

1447年，匈牙利軍前往營救土耳其手中的瓦拉幾亞軍隊，此場戰役裡，弗拉德二世及他屬意的繼承人——大兒子米爾查相繼被殺。弗拉德得以脫離人質生活，接替父親繼承瓦拉幾亞公爵，成為弗拉德三世·德古拉，並逃回外西凡尼亞。到了 1456 年，弗拉德三世得到匈牙利王國支援，重新統治瓦拉幾亞。

弗拉德三世酷愛行刺刑。

行徑仿如魔鬼

據語言學家考證，從「德古拉」（ Draculea ） 之名，可以見到魔鬼（ diavolo ） 的蹤影；事實上，羅馬尼亞語中，魔鬼正好稱為「德古」（Drac ）。弗拉德三世的殘忍凶暴，又的確有如魔鬼，他最愛豎起尖銳木椿，將異見人士、犯了丁點小罪的犯人，甚至平民百姓，一個二個釘在木椿上，狠狠折磨至死，真可謂「名副其實」的魔鬼。相傳，曾有兩名大使晉見弗拉德，在面前沒有摘下帽子，弗拉德因這雞毛蒜皮之事，下令將帽子釘在他們的頭上。

據記載，在 1459 年至 1460 年間，他在錫比烏刺穿了 10,000 人，在布拉索夫刺穿了 30,000 多人。

正所謂殺人者人亦殺之，1476 年，弗拉德三世垂垂老矣，終於落入敵手，被木椿釘死，頭顱更淪為戰利品落入土耳其蘇丹手中。相傳修士們將他的屍體取回並帶到斯納戈夫島的修道院，把他安葬在祭壇附近的小教堂裡。幾個世紀後，在 1931 年至 1932 年間，羅馬尼亞考古學家迪努·羅塞蒂（Dinu Rosetti）打開了墳墓，發現裡面全是動物骨頭和陶器，於門附近挖掘出一個墓葬，並在其中發現了一個繡金紫色的棺材。

棺材裡有一具無頭骷髏，身穿絲綢錦緞，頭骨處有一頂王冠。不少人認為這具屍體就是弗拉德·德拉庫拉。這具屍骸之所以無頭，有可能是葬他的人擔心死者會化為吸血鬼，事先進行預防措施；又或者葬後生某些事情，有人開棺毀屍，真相當然難以確知。但由於鄰近的人覺得在

祭壇附近有這樣一個臭名昭著的遺骸感到不舒服，弗拉德屍首於是被移至布加勒斯特歷史博物館，但在第二次世界大戰期間失蹤了。

斯托克筆下的吸血鬼德古拉，八九不離十，是以這位變態的德古拉國王爲原型。不過，大作家的創作靈感，未必自單一源頭，有可能滲入了匈牙利伯爵夫人巴托里·伊莉莎伯（Erzsebeth Bathory）的故事。

歷史上的德古拉真是吸血鬼？

但是，弗拉德·德古拉，當真只是因爲殘暴嗜殺，而被形容爲吸血鬼嗎？

1960 年，波士頓大學教授 Radu Florescu 與 Raymond T. McNally，從修道院的失落文獻中，找到有趣的線索。從一封信裡，他們發現原來弗拉德三世，竟拿麵包沾血——被他虐殺的受害者之血——來享用。

是單純變態，還是他根本就是吸血鬼化身？

在外西凡尼亞和拉亞山區的農民間，不乏描述吸血鬼的民歌民謠。令人浮想連翩的是，弗拉德·德古拉的故鄉外西凡尼亞，曾被希臘歷史家希羅多德（Erodoto）稱爲「吸血鬼之地」。難道有弦外之音？

德古拉與魔鬼締結契約的傳說

　　民俗學家 R.C.麥克拉根在 1897 年為《民俗》雜誌寫了一篇關於德古拉如何與魔鬼締結契約的文章：

　　「在這裡我們發現，德古拉是魔鬼本人，他指示某些人成為地下學院中的魔術師和藥師。其中，八分之一的人在十四年的時間裡接受了教導，在他返回地面時，他擁有以下力量。通過某些神奇的公式，他迫使一條龍從湖底上升。然後，他將獲得的金韁繩拋過頭頂，在雲層中高高飛行，雲層結冰並由此產生冰雹。這種控制天氣的力量，包括產生薄霧和霧氣，是西方德古拉能夠做到。」

　　可見，「德古拉是吸血鬼」或許是斯托克的創作，但「德古拉是惡魔」卻是東歐的一個民間傳說，儘管我們難以確定德古拉究竟是何許人。

凶惡極致吸血女魔——巴托里・伊莉莎伯

《德古拉》吸血鬼的原型之一，極可能是瓦拉幾亞王子「弗拉德三世」。而歷史上有另一個惡名昭著的女人，匈牙利伯爵夫人巴托里・伊莉莎伯（Erzsebeth Bathory）行徑之凶惡殘忍，與弗拉德・德古拉實在不相伯仲。這世界的變態真多！

嗜血的匈牙利伯爵夫人巴托里・伊莉莎伯。

飲過百處女鮮血

這位伯爵夫人的變態指數，與弗拉德三世可謂各有千秋。她生活於 17 世紀初，那時候，弗拉德・德古拉已死去差不多一個世紀。話說回來，伊莉莎伯的家族成員曾與德古拉家族結親，所以此兩名魔頭，倒是有點淵源。

那麼，伊莉莎伯恐佈之處又是什麼？原來，她曾殘殺數以百計的年

輕女孩，原來不爲別的，只因她相信，處女的鮮血，能令自己防止衰老。於是乎，她的女僕人可糟殃了，好端端工作，無端端送了性命，不明不白地把鮮血奉獻給女主人。但女傭再多，也不夠伯爵夫人「使用」，她就指令管家與男僕，暗地裡擄劫少女，放血供她「淋浴」，藉肌膚與血液接觸，獲得處女的青春生命力。

壓榨工具「鐵鳥籠」

爲了「更有效」地收集血液，伊莉莎伯開發了壓榨工具「鐵鳥籠」，籠中佈滿尖刺，劊子手把全裸的處女投入其中，把其鮮血擠壓出來，而伊莉莎伯則在籠下淋浴。

這種妖邪至極的惡行，伊莉莎伯足足幹了十年，這才東窗事發，被送上法庭。所有共犯均被處以極刑，唯獨主謀伊莉莎伯身爲貴族，竟免一死，僅被終身監禁（就像恐佈電影的情節一般，邪靈是絕不輕易遭消滅）。憤怒無比的平民，有的稱她爲巫婆，更多稱呼爲吸血鬼。

在一些吸血鬼故事裡，吸血鬼不僅能憑利齒咬破頸動脈吸血，更可透過毛孔汲取血的精華。而木樁，則是絕大部份吸血鬼的剋星。這兩種特徵，都可從弗拉德三世與巴托里·伊莉莎伯的歷史故事中找到脈絡。

巴托里·伊莉莎伯以處女的鮮血來淋浴。

殺人狂魔也吸血

　　英國的約翰·喬治，自 1944 年起於 48 年間殺害大量無辜者並吸取受害者的血液（他親自承認九宗個案），人稱他爲「倫敦吸血鬼」。

世界各地的吸血鬼傳說

　　如果你以為，吸血鬼只不過是電影情節，純屬虛構，不值深究，可以告訴你大謬不然！其實，古以今來，世上不少地區，皆流傳著吸血鬼傳說：隨便一數，可以數得出巴爾幹半島、黑海、多瑙河流域、喀爾巴阡山脈、羅馬尼亞……

北歐的「屍鬼」傳說

　　我們知道，《德古拉》成書於 1897 年，但遠在此日子之前，歐洲民間已有大量吸血鬼傳說，所以那不可能是有人看過故事受影響而心生幻想。譬如早在16世紀的德國，已不乏吸血鬼的傳聞，德國人稱吸血鬼為「納赫齊拉」(NachZehrer)，意思是「吸血鬼之祖」。

　　在西方，現時已知最古老的吸血鬼文獻，現存於布拉格，乃奧地利律師寫於 1706 年的《死亡魔法》，書中記述多宗個案，倘若有死屍被判定為吸血鬼，時人會挖出屍骸，並以木樁刺穿其心臟予以消滅。

德國的吸血鬼「納赫齊拉」。

不如先由一則北歐屍變傳說談起。這則故事，特別之處是結合了靈魂侵佔與屍體作祟的元素。時為 11 世紀，冰島隱修士海爾加費德（Helgafell）編撰了一本《英雄傳奇》（Eyrbyggja saga），當中敍述了一個索羅爾夫死不安息的故事。

話說索羅爾夫·莫斯特拉克格（Thorolf Mostrakegg）是一名獨腿莽漢，生前已十分勇悍，窮凶極惡，村民皆對他畏懼不已。某年夏天，索爾夫逝世，本來事屬尋常，唯一些慣常於索爾夫家附近啃草的牲畜，無端端生病至死，那時村民已心感不妙，認為是邪惡預兆。

索爾夫下葬後，村民發現一名牧人在離墓地不遠的地方，離奇倒地身亡。死者屍體渾身泛藍，死前似乎經過一場異常激烈的掙扎，連骨頭也因而斷裂，疑是遭襲擊。

用高牆封住屍體

當時的維京人，流傳一種稱為第拉烏戈（draugr）的「屍鬼」，他們認為，這是第索爾夫的屍體從墳墓醒來，化為屍鬼，四處游蕩襲擊活人。

整個冬季，這具屍鬼都村子周圍出沒，甚至現身於好幾戶人家外面。相傳，有人見到屍鬼走近那離奇死亡的牧人房子，嚇得牧人的妻子發瘋，最後因壓力崩潰至死。奇怪的是，她竟被埋在索羅爾夫墳墓附近。結果這具屍鬼更為肆虐，演變至強闖民家襲擊睡夢中的人。

村民忍無可忍，由教會牽頭，向索爾夫的兒子艾爾恩科爾（Arnkel）

反映此事，要求他對父親的「遺體」採取行動。艾爾恩科爾應充了，與友人前往墳地，撬開墳墓，把父親的遺體挖出，發現屍體竟未腐爛，且面容非常兇惡。他本打算重新覓地埋葬，但屍體重得異乎尋常，難以運送到別的地方，於是把屍骸放在兩頭牛之間的牛軛裡，把屍體帶到稍微偏僻的所在，先用泥土掩埋，再築了一道牆壁，把屍體重重圍堵。自此大家都不敢靠近此地，迫不得已經過也會繞路而行。這方法倒奏效了一段時日。艾爾恩科爾死後，這屍鬼又再肆虐行凶，最後村民開墳焚屍，把骨灰搬進海裡，事情才告一段落。

冰島傳說裡，類似索羅爾夫的故事還有不少，大多故事都形容，屍鬼能變成一股煙離開墳墓，能變成動物，會襲擊人和牲畜，吃其血肉。如果有人開墳檢驗，會發現它們的屍體呈黑色、腫脹，而且非常沉重，難以搬動，武器對他們無效，最佳對付辦法是焚燒並把骨灰撒入海裡。

歐洲的傳說

18 世紀，歐洲發生大瘟疫，為吸血鬼湧現的背景。法國伊斯特拉半島、匈牙利、俄國、普魯士等國家，發生了一場瘧疾。遍地屍首裡，有些屍體竟然並不腐爛，這為吸血鬼傳說製造了土壤。

現今社會聽起來「迷信」兼不可思議的傳說，當時可謂遍佈歐洲諸國，而且，時人不僅在口頭間說說而已，已形成一系列習俗、傳承一連串手段，用以預防及消滅吸血鬼，足見他們完全深信吸血鬼之存在，才會予以認真處理。

在波蘭周邊及俄羅斯的吸血鬼，據說無懼陽光，他們習慣午夜返回墓穴，正午起來覓食。這些吸血鬼雙手並不靈巧，卻擁有血盆大口，其嘶咬力足以把房屋破壞。

在羅馬尼亞民間傳說中，吸血鬼擁有深藍眼睛與薑黃色頭髮，以及兩顆心臟。所以如要消滅吸血鬼，必須準備兩根木樁。當地人又認為，吸血鬼與羅馬尼亞狼人（pricolici）之間的關係非比尋常。

「不死的」諾斯夫拉圖

羅馬尼亞民間流傳一隻「不死的」諾斯夫拉圖（Nosferatu），此惡魔的厲害之處，在於每一名不幸被牠所殺的人，死後都會淪為吸血鬼，到處吸取他人鮮血。

當地農民為除吸血鬼，會於白天打開「被害者」的墳墓，把木樁插在屍體身上，或開槍瞄準屍首射擊。若然該屍體被視為法力強大，他們更會把蒜頭塞進屍體口中，甚至砍下首級，再將心臟挖出燒掉，灰燼撒在墳頭。

被諾斯夫拉圖所殺的人，
皆變為吸血鬼。

19 世紀作家艾米利·傑勒德（Emily Gerard）在著作中斬釘截鐵形容：所有羅馬尼亞農夫，無不堅信諾斯夫拉圖與吸血鬼之存在，就好比深信世上有天堂與地獄一般。

19 世紀，諾里奇（Norwich）發生甚詭異的「雷家吸血鬼騷動事件」。事緣在 1846 年，Jewett 市的 Horace Ray 死於一種怪病，他死前自感非常虛弱乏力，體重感輕，被判斷為衰弱症。幾年後，他的兩個兒子相繼去世，死前出現同樣徵狀。當地民眾懷疑，雷氏家族成員或將陸續患上此症，因為他們須供應生命力與墓中的死者，眾人認定這是吸血鬼事件。於是在 1854 年，雷氏家族在教區牧師監察下，掘開墳墓，發現屍體局部仍未腐爛，遂決定把所有患上衰弱症者的遺體，一一火化燒成灰燼。

英國文獻裡也出現「屍鬼」。修士紐柏格威廉（William von New-burgh）在英國事務史（Historia Rerum Anglicarum）裡說：「死者的屍體在不知道什麼精神的驅使下，離開墳場，以便襲擊生人，給他們帶來恐怖與毀滅，然後返回自己的墳墓，且墳墓還會自動向他們打開。這一切，如果不是有許多當時的案例、如果不是有無數目擊證人的佐證，一個理性的人是很難當成真事接受的。」

考古學者的驚人發現

對考古學者來說，辨認吸血鬼，不是看屍體上有沒有尖牙，而是看安葬體的人會不會採取什麼手段，試圖阻止它們重返人間。方法不一而足：或以長釘把軀體釘死在棺材裡、或以大石重重壓在屍身上，也可能是挖掉心臟防止復甦。

從石器時代到公元 20 世紀，世界各地都出現一些「非典型」的墓葬，顯見這些並非個別宗教行為或地域習俗。

最常見的異常埋葬形式是俯臥埋葬（面朝下）、屍體遭斬首、四肢移除、被石頭壓著、用金屬釘或木樁插住、嘴裡含物（硬幣、石頭、粘土）。又或者，其安葬方位與墓地裡其他屍體相比與別不同。

四千年前遠古吸血鬼

在塞浦路斯喬伊魯科蒂亞（Khirokitia）新石器時代（公元前 4500-3800年）的遺址中，人們在墳墓中發現了屍體，屍體的頭部或身體上都放置了大而重的石頭，以防止死者從墳墓中爬起。

在捷克米庫洛維采一條村落，出土了 200 具 4000 年前青銅年代的屍骸。所有遺骸的埋葬方式相同，皆是身朝南、頭向左；唯有一具與別不同，身朝北、頭向右，而且被大石壓著胸口。英國歷史學家羅內從多方面追查，認為此具屍骸之所以有此特殊處理，皆因被當時的人認定為

吸血鬼！

　　20 世紀 20 年代，考古學家挖掘英國威爾特郡新石器青銅時代風車山文化遺址，發現圍牆遺跡，估計前人可通過堤道入內，裡面放著先人的屍體。為什麼學者有此猜想？因為風車山上流傳著一種傳統：當人離世，後人會把死者置於土丘上，四周以木結構的建築物圍著。他們認為，死者「雖死猶生」，在土丘上仍可以留意後人的活動。一旦民眾出現重大危機，後人可前往諮詢死者意見。相傳死者可復活，以保衛社區。

　　波蘭 Złota Pińczowska 的一個墓葬中，一名男子側身埋葬，脊椎上插著一把刀，而同樣在波蘭的 Stary Zamek 的一名女子則面朝下被木樁釘住。曾經有專家相信，東歐的這種吸血鬼墓葬在公元 9 世紀到 12 世紀之間達到了頂峰。不過，在各個時期、各處地方，皆有這種類型的異常墓葬，在地球村現代化以前，似乎不曾停止。

　　在柏林迪朋湖（Diepensee），幾個 13 至 14 世紀中期的墳墓被挖出，當中有 422 具遺骸。考古學者發現，當中 25 人安葬時遭受特別對待，諸如把頭砍掉、把腳剁掉、在肚上鑽洞……當然少不了大石壓胸。

　　2013 年，考古學家在保加利亞（Bulgaria）出土兩具骸骨，胸口插着鐵棒，約有八百年歷史。專家相信，兩具骸骨在當時被視為吸血鬼，鐵棒的作用是制伏屍體活動。該墓穴位於保加利亞黑海城鎮索佐波爾（Sozopol），保加利亞國家歷史博物館負責人迪米特羅夫表示，當地人相信用鐵棒或木樁插屍身，可以把吸血鬼釘在墓中。其實在中歐

和西歐歷來已發現逾百具類似的疑似吸血鬼骸骨，值得探究是，這些骸骨不乏貴族或神職人員。

保加利亞出土的「吸血鬼」骸骨。

不同年代的吸血鬼之墓

2014 年 10 月，在保加利亞、希臘邊境附近古色雷斯城市（Perper-ikon）的廢墟中，發掘出一百多處異常墓葬。其中一具出土屍骸是年齡介乎 40 到 50 歲的中世紀男性，他被人用一根金屬樁（它是犁的一部分）穿過胸膛，將軀體固定在地下。其膝蓋以下的左腿也被移除，與軀體一起埋在墳墓裡。這座墳墓的歷史可以追溯到 13 世紀初。

波蘭也有相當多的非典型墓葬，其中一些在庫亞維亞地區，其歷

史可追溯至 10 世紀至 13 世紀。基督教傳入前，這地區的葬禮主要是火葬。但 10 世紀基督教傳入後便改為墓葬，屍體會以仰臥（面朝上）方式放置，從西向東，當中或包含陪葬品。這些非典型的墓葬是傳統習俗與基督教衝突的結果。由於不再火化死者，人們對死者回歸作祟的擔憂越來越強烈。

在 1757 年至 1840 年間的康涅狄格州格里斯沃爾德鎮墓地中，發現了吸血鬼墓葬的跡象。一具棺材上標有首字母 JB-55，屍體在埋葬後被褻瀆。它被斬首，頭骨放在胸前，股骨則用來「砌成」典型的骷髏和交叉骨圖案。似乎在埋葬五年後，屍體被重新挖掘出來割走心臟。這是防止吸血鬼夜間遊蕩的典型手段。

意大利威尼斯 Nuovo Lazzaretto 也發現了一個「吸血鬼墓地」，歷史可以追溯到 16 世紀和 17 世紀。威尼斯在 1576 年受到瘟疫的影響，超過 90,000 名居民被感染。凡染疾的人都流放到檢疫船上，當這些船滿載時，大帆船會停泊在潟湖中，藉以阻止疫症傳播。可惜這並不成功，死亡人數天天增加。工人把死者收集起來，整天把它們扔進墳墓裡。垂死的人和病重不能動、說不出話的人常常被當成死者，扔在堆積如山的屍體上。

Lazzaretto Nuovo 公墓位於一堵 15 世紀的城牆附近，該城牆是防止流行病傳播而設置的屏障。2006 年，考古學者 Matteo Borrini 博士及團隊發現，ID6號墓葬的女死者骸骨以仰臥姿勢埋葬，嘴裡塞著一塊大磚，磚塊是在死後故意塞入嘴裡的。佛羅倫斯大學人類學家博里尼認

為，中世紀的人深信吸血鬼是散播黑死病（Black Death）的元兇，塞磚頭乃為了防止吸血鬼咬人。因此，出土的骸骨，無疑是一具女吸血鬼。起碼，當時的人如此認定。

波蘭 Drawsko 縣的一座 17 世紀和 18 世紀的墓地，可謂多產的「吸血鬼墓地是」。那裡的屍體，脖子上都掛著鐮刀，牢牢釘在墳墓的地板上，如果它們試圖爬起來，就會被斬首。或者，將一塊石頭放在嘴裡，阻止下巴張開，這樣他們就不能張口咬噬。許多波蘭的非典型墓葬都沒有陪葬品，那些俯臥的墓葬通常連棺材也沒有，只少數遺體被包著裹屍布，在死後維持一點尊嚴。

類似的「吸血鬼墓地」層出不窮。德國哈瑟費爾德（Harsefeld）的一座中世紀修道院挖出兩具遺骸，一具被大石頭壓著，另一具連屍帶棺正面朝下深埋地底，人們還唯恐不足，要用牆把它們封起來。在德國南部莫克斯多夫（Mockersdorf）一處墓地，六具疑為吸血鬼的屍體經過特殊處理，包括捆綁、石壓、釘牢。

遠古習俗 何時開始難以考證

這種奇特的民間信仰從何時而起難以回答。因為越遠古的墓穴，環境證據就越難保存，木樁、鐵釘、繩索均隨著時日而不復存在，唯獨大石頭能留存在那裡。有時候，先民會以另一種又大又重的物件來取代石頭，例如猛瑪象的肩胛骨，這東西的形狀無須加工已像一個大蓋子，正好用來蓋著墳墓。以猛瑪象骨覆死者的習俗，可以追溯至舊

石器時代。研究者的思路是這樣的：如果只爲了防止動物吞食遺體，
用猛瑪象肩胛骨實在小題大造。那麼，這巨大的蓋子若非防止「外來」
的東西跑進去，就應該是阻止「裡頭」的東西跑出來。

　　人們是如何辨別墓葬有沒有藏著「吸血鬼」呢？理據又是什麼？

　　被疑爲「吸血鬼」的屍骸通常有以下特徵：

安葬方向：方向上下相反，臉朝下，防止回來找人。一旦死者嘗試離
　　　　　開墳墓，就只會向地底越挖越深。頭朝東方，這讓死者的
　　　　　目光無法在末日審判時看到東方，因《聖經》《舊約·撒迦利
　　　　　亞》說，耶穌將從東方再度降臨：「那日他的腳必站在耶路
　　　　　撒冷前面朝東的橄欖山上。」所以教堂的墓地會嚴格遵照死
　　　　　者頭朝西而葬。

木椿：考古界中，出土的疑似「吸血鬼墓穴」裡，木椿並不常見，因爲
　　　木製品會隨時日而腐化消失。但若然細心觀察，有時也會見到
　　　痕跡。有些修道院的墳穴，也發現有屍首胸口被插木椿的痕
　　　跡，顯示面對「不死族」修道院裡也可能有人奉行異教習俗。

肢體彎曲：有些出土遺骸的腳被彎曲成十分極端的角度，那是只有屍
　　　　　體腐爛時處於捆綁狀態，才會出現這種姿勢。從前的人相
　　　　　信，綁縛可以防止「不死族」醒來時由墳裡爬出來。

塡滿灰燼：赫維勒人相信灰燼具潔淨力量，所以當一個墓穴塡滿了灰
　　　　　燼，那顯示墓主大有可能被視爲吸血鬼。

斬頭挖心：被斬頭，挖去心臟的屍首也有可能是吸血鬼。

口含硬幣：遺體口中發現硬幣，也是一種特徵，人們相信那塊金屬可
　　　　　讓死者吸吮而不去害人

骨頭交叉：還有種手段是利用死者本身的骨頭來「鎖住」他自己，例如
　　　　　取下其臂骨，用前臂骨把頭骨「叉」起來，以防止死者嘴巴
　　　　　咬合。

鐵釘穿軀：有時民眾會用鐵釘來鎮住死者。例如，在比利時埃諾省　（
　　　　　Hainaut）法西安城堡（Chateau designer Farciennes）下
　　　　　的出土棺槨，便連棺帶屍釘上長長的鐵釘。有人說死者是
　　　　　匈牙利侯爵卡羅·采佩什伯爵（Vlad Tepes），有人相信他可
　　　　　能是德古拉伯爵的原型。

掛鎖：新布蘭登堡（Neubrandenburg）的中世紀晚期墳場，一具遺骸出
　　　土時被發現設下多重安全措施，包括捆綁，在腿骨加上鐵鎖，
　　　再於腰部壓上大石。

中世紀的人把磚頭塞進屍體口中，
　　　　防止吸血鬼咬人。

來自教會的佐證

　　基督宗教在中世紀歐洲勢力盤根錯節。一眾教廷或教會要人，對吸血鬼的態度並不一致：有人承認世上確有吸血鬼，視之為妖魔鬼怪；有人否認其存在，更對民間深信吸血鬼存在視為邪說。他們的批判或論證，成為研究吸血鬼的重要記錄。

吸血的屍體

　　歷史學者指出，vampire 一詞遲至 18 世紀才在歐洲官方記錄中找到。可是詞彙未創出來，不代表世人觀念裡沒有吸血殭屍。

　　譬如 12 世紀英國，雖然其時英語並無「吸血鬼」一詞，但吸血殭屍作祟的傳說卻是「家傳戶曉」。那時的文獻（如拉丁語著作《廷臣瑣聞》）會以「吸血的屍體」來形容此妖物。

　　中世紀天主教規定死者只能葬在經獻禮的土地。《羅馬聖事禮典》（ Rituale Romanum ）列明，不符天主教規範的人，禁止葬在教堂墓園裡。據記載，民眾必須防備被逐出天主教的人，因這些離教者在死後，將從墓裡復甦，加害生者。據說民眾在白天開啟棺木，每發現屍體沾上來歷不明的血液，世人相信這就是屍變。為防妖邪害人，他們以木樁穿刺屍體，再拿去火化。

　　歐洲幾所修道院裡，也見到吸血鬼的蹤跡。英格蘭境內維京人統治的地區，隱修士們會用「水蛭」（ Sanguisuga ）來形容會走動的屍體。

教會的取態

公元 5 世紀主教聖奧古斯丁（354-430）寫了一本《論顧念死者》（De-cura pro mortuis）的書，裡面記錄了如何阻止屍體復生化爲吸血鬼的方法。在第二次里摩日主教會議，卡奧爾主教也曾報告一宗叛教騎士的屍體離開墓地的目擊個案。

德國的撒克遜主教蒂特馬爾於 1009 至 1018 年間寫了一本《編年史》（Chronicron），書中記述了一位住在 Walseben 的牧師之離奇經歷。話說當時正值戰亂，那位牧師恰好身處一個小鎮，而斯拉夫軍隊正在逐步迫近。一次無意中，那牧師走進一所教堂，赫然發現裡頭全是吸血殭屍——都是從墳墓裡醒來的。大多吸血殭屍均略帶敵意，但其中一具女性屍體卻是牧師所認識的，原來那女屍剛死去不久，它滿懷怨恨，神秘地預告牧師將於一年內死於瘟疫。這不知是預言還是詛咒，後來不幸言中了。

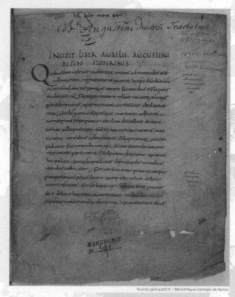

Source: gallica.bnf.fr // Bibliothèque Carnégie de Reims

聖奧古斯丁所寫的《論顧念死者》。

魔鬼代言人

　　約克郡紐堡的教士威廉（1136 – 1198）在《英國事務史》（Historia Rerum Anglicarum）一書中，形容吸血鬼是魔鬼代言人，或有惡靈寄居屍身，直指它們吸血成性，會襲擊上帝子民，並從墳墓裡帶來疾病。

　　14 世紀的修士拜蘭德（Byland）記述了一事件：在 Kereby 教區，一名修士 James Tankerlay 死後被安葬在貝爾蘭德（Bellelande）的教堂地下。然而，每當夜幕降臨，其屍體便從墳墓中醒來，四處游蕩，更跑到生前的情婦家中，把情婦的雙眼挖出，鮮血淋漓。

　　此消息傳到修道院負責人耳裡，他的處理方法是：命人把修士的棺材挖出，扔到 Gormyre 附近的沼澤，讓屍體淹沒在泥沼，防止再爬出來。

越反對越相信

　　當然，主流的宗教人士，大抵仍以否認吸血鬼存在為主流。較著名的有教皇本篤十四世（Benoti XIV），他曾寫過一篇文章，文中花費不少篇幅談論吸血鬼，立場堅定地否認吸血鬼存在。

　　修道院院長卡梅（Augustin Calmet）於 1746 出版了兩卷《論匈牙利、摩爾達維亞等地的附體鬼魂、被開除教籍的人、吸血鬼或活屍》；佛羅倫斯的大主教達 Giuseppe Davanzati 亦於 1774 年出版了《論吸血鬼》。

　　他們的本意都是駁斥迷信，否認世上有吸血鬼。但由於書中記錄了大量案例和軼事，反而越辯越令人心生疑竇。情況一如今天的極權政府，他們越否認某事，民眾偏要將訊息「反過來接收」。無論當局說什麼也罷，反正大家就是不信。

本篤十四世堅定否認吸血鬼存在。

殭屍吸血，所為何事？

　　吸血鬼明明沒有生者的生命跡象，卻又不如一般屍體般會腐爛。要維持這種介乎生與死之間的狀態，吸血鬼必須吸取一種特殊能量。相傳人類體內的血液，正正擁有這種特殊元素，為其他家畜、動物的血液所無。

珍罕文獻紀錄

中世紀初至14、15世紀，歐洲皇室，尤其是英格蘭的宮廷文學，都紀錄了不少當時口耳相傳的妖精、狼人和吸血鬼事件。

然而除了宮廷作品，民間著作、官方文檔，甚至法庭記錄，也可覓到吸血鬼的蹤影。

歷史檔案

在中世紀的不列顛群島，充斥著吸血鬼迷信。最早記錄吸血鬼案件的人之一是紐柏格威廉（William von Newburgh）。他是約克郡荒原附近紐堡修道院的歷史學家，在其《英國事務史》（Historia Rerum Anglicarum）中記錄了一則事件：一名男子從白金漢郡的墳墓中爬起來，襲擊他的妻子、兄弟和動物，「某天天晚上，他妻子上床休息後，那男子回到家裡，這不僅嚇壞了醒來的妻子，他的體重更變得無法承受，壓垮了妻子。」其後吸血鬼越趨活躍，除了晚上，他甚至在白天也可出沒。民眾就如何處理這種超自然現象徵求林肯主教的意見。林肯建議將那人的屍體挖出來，在他的胸前放置一封赦免信。此舉奏效了，他停止了在村子四處遊蕩。

紐堡的威廉還記錄說，在阿南蒂斯城堡，村民曾被一隻從墳墓裡出來的流浪怪物打得遍體鱗傷。於是村民挖出屍體，用鈍鏟反覆敲打屍體側面，並將被詛咒的心臟挖出。奇怪的是，這個特殊的吸血鬼並

沒有吸活人的血，只會毆打村民。

紐柏格威廉在《英國事務史》裡說：「死者的屍體在不知道什麼精神的驅使下，離開墳場，以便襲擊生人，給他們帶來恐怖與毀滅，然後返回自己的墳墓，且墳墓還會自動向他們打開。這一切，如果不是有許多當時的案例、如果不是有無數目擊證人的佐證，一個理性的人是很難當成眞事接受的。」

軍醫呈堂報告

1725 年，一位奧地利官員在塞爾維亞的 Kisilova 村報告了一宗著名的吸血鬼事件。他講述了一名塞爾維亞農民的事跡，那人叫彼得.普洛戈喬維茲 (Petar Blagojevic / Peter Plogojowitz)，據說他在死後八天內殺死了九名村民，並向他的妻子索取鞋子。他的屍體被挖掘出來，文獻記錄道：「屍體（除了鼻子有些脫落）完全是新鮮的……我看到他嘴裡有一些新鮮的血液。」屍體也出現了新長出的頭髮和指甲，並在脫落的舊皮膚下長出新皮膚。他嘴裡的血被認爲屬於九個受害者。村民把彼得的心臟釘穿，血液從他的嘴和耳朵裡湧出，並且有「狂野的跡象」(勃起的委婉說法)。屍體隨後被燒毀，整個村莊的殺戮狂潮才得以停止了。

1731 年，塞爾維亞麥德維加（Medvegia）一名農夫阿諾德·保勒（Arnold Paole）意外逝世，當地居民傳言他生前曾受吸血鬼侵擾。一個月後，有四名村民生了不治怪病，於是大家便懷疑阿諾德作祟，決定開

棺驗屍，駭然見到屍體「七孔流血」！震驚莫名的村民遂施以「傳統方法」，用木樁刺入屍心，詭異的是屍體被刺時竟發出刺耳怪聲。穿刺後還得斬去腦袋，一把火燒掉。

　　事件至此，卻是陰霾未散，不治怪病徘徊未去，莫非吸血鬼仍在？為免恐慌擴大，政府不得不派軍隊前赴調查。軍人掘出十多具屍體，發現部份屍體並未腐化，甚至完好無缺，其中更滲有鮮血，指甲變長。此景像震憾所有目睹與耳聞的民眾。

　　軍醫約翰・弗理欽格（Johann Fluckinger）據實撰寫報告，呈往貝爾格萊德法庭，誠為一份珍罕的文獻記錄。

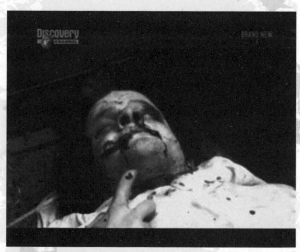

農夫阿諾德・保勒死後作祟，事件被寫成報告呈上貝爾格萊德法庭。

官方文檔用字演化

今天大家熟悉的 Vampire 一詞，現時可查最早出現在 1732 年的一本書裡，作者署名為 W.S.GE，身份不詳。不久後 Vimpire 也於英文和法文通行起來。到了 18 世紀，此詞湧現於歐洲。當時斯拉夫和日耳曼移民在 1700 年代帶來了對吸血鬼的迷信，也許是在帕拉蒂尼德人殖民賓夕法尼亞時，或者是黑森州僱傭軍在革命戰爭中服役時。

有種說法指出，1725 年鄂圖曼帝國發生「Peter Plogojowitz成為吸血鬼事件」，官方文檔中使用了「Vanpir」，後來便演變成為英文的Vampire。

1732 年，克里斯蒂安．斯托克 (Christian Stock) 寫了《論吸血鬼的屍體》，次年佐普 (Jonann Heinrich Zopf) 寫了《論塞爾維亞的吸血鬼》。這些均屬甚為認真的吸血鬼論著。

神秘吸血生物－－卓柏卡布拉

　　現實生活中，似不時出現「吸血鬼／怪物」的蹤影。例如在南京江寧的一處家禽養殖場，便發生鵝群受襲，屍體血液乾沽，背部僅餘兩小血洞的離奇個案。事件最詭異之處，在於若是其他肉食動物襲擊，理應把鵝肉吃掉，而非只吸鮮血。

　　較著名的神秘吸血生物不得不提卓柏卡布拉（Chupacabra）。自 1990 年代在初波多黎各，及至後來的墨西哥及美國南部，不止一次有目擊者見到自家牲畜遭一種詭異生物所殺。那怪物身高約兩呎，有點像狗，但可像人類般直立行走，行動迅速，雖然矮小，卻可跳至六米高。

　　牠長著一雙銅藍色的眼睛（另一說為紅色），牙齒尖銳，上排比下排牙齒尖長許多。其皮膚表面光滑，不見毛髮，兩側長著袋狀腺體。目擊者形容當牠進食時，會以舌頭上的尖管，插入牲畜體內，直至把獵物的血液吸乾為止。

神秘生物卓柏卡布拉

故老相傳的吸血妖魔神話

神話，你別以爲盡是荒謬絕倫的大話西遊，其實神話往往是先民集體記憶，透過生動的故事、轉化的意像，向後世呈現古人認爲重要的訊息。據考古學者研究，早至數千年前的青銅年代以降，人類已有把屍體以巨石壓身、以磚塊塞石、以利枝插胸等風俗，爲的是鎮壓吸血殭屍。那麼，古人的集體恐怖記憶，又有否藉故事一代傳一代流佈下來，成爲今天的神話？

屍變傳說　遠溯幾千年

世界各地的神話裡，我們不難找到一些吸血神魔的片段，這些神魔，會否便是吸血鬼的原型？

距今 4600 年的蘇美史詩《吉爾伽美什》描寫了烏魯克國王吉爾伽美什和同伴恩奇都殺死了魔獸洪巴巴。女神伊南娜對他的英勇印象深刻，向他求愛，但吉爾伽美什拒絕了伊南娜的求愛。伊南娜惱羞成怒，請求父神安努派出天之公牛對付吉爾伽美什，並威脅說如果他拒絕，她將砸碎冥界大門，「我要使死人復活，他們要吞食活人」。這讓研究者產生無限聯想：伊南娜女神難道便是把亡者召喚到人世的殭屍之主？姑勿論這是否過度幻想，此線索起碼告訴我們：遠在蘇美時期，已出現屍變傳說，足見其源遠流長，比想像中遠古得多。

莉莉斯──吸血鬼之母

在基督宗教的影響力下，即使閣下並非教徒，相信也聽過「世界上第一個女人」名爲夏娃。不過，你可知道，在古美索不達米亞神話裡，上帝第一個創造的女人，並非夏娃，而是莉莉斯（Lilith）？

據此版本的神話，莉莉斯是首席女人，夏娃是第二個，不過阿當似乎對莉莉斯不怎樣好。莉莉斯後來反抗阿當，並且憎恨夏娃所生的人類。據「魔鬼學」理論說，亞當的第一任妻子莉莉絲不甘屈服於亞當，忿而出走。期間她野獸、魔鬼們性交，在紅海以每日100個的速度產下惡魔之子。同時她也不斷殺死亞當的後代嬰兒。天使追捕她，她不得不同意每天有100個魔鬼子孫死去。

在猶太神秘主義「卡巴拉」的信仰中，莉莉斯變爲墮落天使薩麥爾（Samael）的妻子，由於記恨上帝殺死她的孩子，因此在夜晚殺害人類小孩作爲報復，還與薩麥爾的女兒 Lilim（英文爲Lilin）一同殺害小孩。而據神話比較學的研究，莉莉絲或許是由巴比倫的魔鬼「莉莉圖」演變而來，後來才被希伯來神話所吸收。傳說，莉莉斯每於黑夜飛馳，攻擊噬咬人類；而且她專門吸取嬰兒的血。據說阿拉伯的人，會把天使之名當作護身符，貼在屋頂來驅趕莉莉斯。（註1）

莉莉斯每於黑夜飛馳，攻擊噬咬人類嬰孩之血。

海神波士頓女兒——半人半蛇　專吸童血

而在希臘神話裡，海神波士頓的女兒「拉彌亞」，也被視為吸血鬼的另一神話原型。拉彌亞是利比亞女王，因容貌甚美，被眾神之王宙斯的妻子所妒忌，把拉彌亞的孩子逐一殺掉（稍有留意希臘神話的讀者大概都知道，這名天神婆娘是何等惡毒），拉彌亞飽受喪子之痛，生出對別人孩子的痛恨心，結果變成半人半蛇的怪物，專吸童血。由此，「拉彌亞」也成為後世女吸血鬼的別名（此詞語源為希臘語 Lamuros，意為貪婪）。

耐人尋味的是，莉莉斯與拉彌亞同樣是專吸小孩子血的女魔，難道這僅是巧合？

阿拉伯的食屍鬼

鏡頭轉向歐洲的愛爾蘭。當地傳說有一只名為「狄亞格‧狄烏」的吸血妖精，牠可化身為美女來誘惑男性，從而吸取後者鮮血。要對付此妖，必須用石頭把狄亞格‧狄烏棲息的墓穴牢牢封印。

在蘇格蘭，流傳著 baobhan-sith 的神話，它是女性吸血鬼，通常穿著代表森林的綠色，會用性魅力吸引男人。

在澳大利亞，他們的吸血鬼稱為 talamaur，他們可以從一具新鮮屍體的殘骸中吸取任何剩餘的生命力。

美洲也擁有許多吸血鬼：巴西的 lobishomen 可以少量血液為食而不殺死獵物。墨西哥有一個女巫 / 吸血鬼的組合，稱為 tlaciques。

亞洲也有吸血妖

來到亞洲，在馬來西亞，吸血鬼視乎不同性別，稱呼各異。男的叫潘那賈拉（Penaggalan），女的稱爲蘭肅（Ladngsuir），這種形式的吸血鬼形似鸕鶿，吃魚並吸食新生嬰兒的血液。難產而死的嬰孩則變成了ponti-anak，一種貓頭鷹形式的吸血吸血鬼。無獨有偶，德古拉的故鄉外西凡尼亞，同樣把吸血鬼區分男女，男的稱爲斯特里格(Strigoi)，女的稱爲斯特里格亞卡(Strigoiaca)。

馬來西亞的女吸血鬼Ladngsuir。

文學名著《天方夜譚》亦有記載，阿拉伯諸國裡，不時有食屍鬼的蹤跡，牠們每每潛匿於墓地，待倒霉的人經過，便撲出襲擊吸食血肉。

印度一種類型的吸血鬼是 rakshashas，它們帶有尖牙，可以變爲貓頭鷹、狗或杜鵑的形式。火和芥末可以驅走它們。

在日本九州，有種名爲磯姬或海姬的女妖，乃由千年船蟲化身而成。此女妖長著一把烏黑的秀髮，容貌絕美，常居於九州海域。當地

民間相傳，如在海邊遇到外表極為動人的美女，幽幽地唱著歌曲，切記保持戒備心，皆因自古已有不知就裡的漁夫，被優美嗓音吸引，尾隨美女而去。到了同伴發現他時，他已成為一具遭吸乾血液的屍體了。

中國有殭屍，本書另有專章細述。

東歐傳說與西方吸血鬼

儘管類吸血鬼的生物古老而廣泛流行，但東歐的民間傳說與現今西方吸血鬼的起源最相關。

在羅馬尼亞，strigoi 是吸血鬼，而 strigele 是女巫。在意大利，strega 是女巫或吸血鬼，具有許多相同的特徵。

德國民間傳說有一種「撲背鬼」（Authocker），專門於深夜跳上行人背脊，從後勒住咬噬行人的脖子。

德國北部則以「索命鬼」（Nachzehrer）來稱呼吸血鬼。它們是復行者的一種，傳說會讓與他扯上關係的人死亡,有時甚至連一般人也不能倖免。

隨著交通與資訊將全球一體化，現代人常把「地球是平的」掛在口邊。但原來在數千年前，當人類仍在劃地為牢，吸血家族已在地球村內橫行無忌……

埃及人的屍體觀念

　　古埃及人相信，死亡並非終結。人死後，身體會去到 Nun 地獄，潛到水裡再浮起，然後重過死後新生。因此，古埃及人把屍體作特別處理，那就是聞名天下的木乃伊。首先把屍體外皮敷上泡鹼，藉以抽乾屍身水份，再以繃帶裹好，置於特製棺材裡，等待轉世。

註1：有關莉莉絲的更多身世，可參閱筆者的《魔界默示錄　惡魔傳說解密》

吸血鬼的理性解釋

儘管近代科學主義抬頭，世界各地各式其式的超自然傳說仍是時有所聞，吸血鬼之謎亦是其一。就像硬幣有表裡之分，靈異之事，也一直在人類歷史的背後陰魂不散，並不因為科技進步而煙消魂散。不過，一直以來不少篤信理性的人，會以科學角度來解釋吸血鬼現象。

屍體不腐不稀奇

在 18 世紀，法國伊斯特拉半島、匈牙利、俄國、普魯士等國家，發生了一場瘟疾。遍地屍首裡，有些屍體竟然並不腐爛，令人生起層層幻想。

傳統東歐民間傳說裡，吸血鬼的形象和現代流行文化頗有不同，它們的特徵包括：

皮膚深沉呈淤紫色、屍身腫脹、從墓裡掘出來時口鼻有血跡、頭髮和指甲會繼續生長。

現代科學告知我們，屍體的腐敗速度，很視乎環境狀況，例如，暴露在夏季高溫下的身體比冬季分解得快得多。埋在地下較深的比在地表附近的分解得慢。在少數極其特殊的環境下，屍體不腐爛，是正常現象，未必與靈異之事有關。

一具屍體擺放多天後，或呈微紅色，古時的人以為是殭屍吸血後的現象；有人更發現屍身的頭髮與指甲變長，其實那也不過是屍體因

皮膚萎縮，而致指甲、頭髮顯得比之前長而已。

另外，屍體內部的腐敗氣體（主要是甲烷）使得屍體鼓脹起來，肚子隆起，細菌把屍體內的組織分解為一種暗色的液體，氣體把這些液體推向軀體上的孔穴，從嘴巴與鼻子流出，使人產生一種死者喝了人血，身體發胖的錯覺。另外，由於屍體流失水分，皮膚收縮，頭髮和指甲外露的部分更多，看起來便好像繼續生長一般。（註1）

屍體僵硬是誤會產生的原因之一。正常來說，屍體僵硬在死後很快就會發生，然後在 40 小時後消失。屍體一般很快被埋葬，往往在屍體僵硬消退之前。因此，當僵硬的屍體鬆開抓握時，位置會發生變化，人們便誤以為是屍體在移動。

大家可能感到奇怪：就算屍體因各種原因不腐敗（或腐敗得較慢），「它」既已身在墳裡，按理說應該沒人發現才是。有說法指，這或與一種遺體改葬的習俗有關。東正教曾有安葬死者三年後掘出改葬的風俗，而在希臘聖托里尼島，其土壤含有大量石灰，石灰本身可作防腐，大大減慢了屍體安葬後腐爛的速度。改葬風俗與防腐土壤兩者結合，便出現大量死者仍存活的誤會個案。（註2）偏偏東正教認為，不腐死屍，是上帝對叛教者的懲罰，慢慢孕育出具靈異色彩的殭屍傳說。

假死做成誤會

在科學不昌明的年代，尤其在遠離城市的荒郊村落，居民對人的生死之判斷，往往較現代人所想的落伍，他們許多時依靠的只是經驗。如

有人因昏厥而陷入假死狀態，倘驗屍者一時不慎而誤判，以爲「死者而矣」，後來「死者」竟然復生。邪魔之說便纏繞整個地區。

爲甚麼會有這種誤判呢？有專家認爲，這與歐洲史上的嚴重疾病——黑死病有關。當時患上黑死病的人，須接受隔離，有些受隔離患者陷入「強直性昏厥」（Catalepsy，又稱全身僵硬症）狀態，全身僵硬、血行受阻，運動機能停止，身體動彈不得有如屍體，嚴重者連感覺、呼吸、脈膊機能也降至近乎停頓，所以遭誤判死亡也不足爲奇。

更悲劇的是「假死者」慘遭活埋，奈何在泥中或墳中甦醒，他當然極力掙扎，可惜無法脫困，結果弄假成眞長埋塵土。後人若意外翻土或開棺驗屍，便會發現一具「動態十足」的屍體，大驚之下以爲是屍變，殭屍傳聞由此而起。

但也有人質疑「假死說」。須知道，直至上世紀中葉，死者下葬前會守靈數日，直至親友從遠方來和死者告別。當時沒有冷凍設備，正常的屍體很快便會腐敗，若然事主只是昏迷假死，很難會經過這麼多天而不爲人發現。

病理看吸血殭屍襲人

也有專家以「疾病說」來解釋吸血鬼現象。病理學專家提出幾種理論，企圖爲傳說加以解釋。大致來說，專家均以「疾病」爲理論基礎（有趣的是，近年荷里活的「喪屍片」亦多以病毒感染爲橋段）。衆專家的設想大同小異，他們認爲：患上某些疾病的人，所出現的徵狀，正好與

吸血鬼行為甚為相似，因此所謂吸血鬼，其實只是病人。

譬如說，中世紀歐洲上流社會的貴族每有近親通婚之舉，致使遺傳因子有所缺憾，由於患者的製血因子出現問題，令他們渴求鮮血，並且害怕太陽光。

另外，在中世紀社會，「僵硬症」似乎較現代人所想像的更流行。其病徵為肌肉不靈活、姿勢僵硬、對疼痛反應緩慢甚至毫無知覺、呼吸輕而緩。驟看起來，患者猶如死人一般。旁人不知道底蘊，見到患者突然動起來，就如看見死人活過來一般。

肺結核亦是歷史學家相信的古時吸血鬼來源。結核病的患者會感到疲倦和虛弱，沒有食慾，體重直線下降。在對結核菌一無所知的年代，世人以為有吸血鬼每天晚上找上這個人吸取其鮮血。亦由於結核病會傳染家人，一人得病，其餘家庭成員往往遭殃，於是便會傳出家族受吸血鬼侵擾的傳聞。

最熱門理論：狂犬病和伊波拉病毒

早期的研究人員傾向以「卟啉病」（ Porphyria，紫質症 ）來作理論基礎。此症患者對光線敏感，眼球充血，對大蒜過敏，貧血甚至有喝血的欲望，須補充血紅蛋白來紓緩病情，聽起來倒像一隻吸血鬼。

近代最「熱門」的理論要算狂犬病與伊波拉病毒。狂犬病患者的特徵：畏光、討厭刺激性氣味（如大蒜）、面色蒼白、口部肌肉抽搐想咬東西。在 1721 年至 1728 年期間，巴爾幹半島發生了一場流行病，人

們認為有吸血鬼襲人，後來專家研究，當時該處正好爆發狂犬病。事實上，狂犬病患者的「咆哮、流口水的樣子」與普遍描述的吸血鬼特徵非常相似。

　　伊波拉病毒（Ebola virus disease）患者的病徵，就與吸血鬼特徵更為相似。患者在連續高燒後，嚴重者陷入昏迷或昏厥狀態，有時被誤判為死亡，幾天後忽然蘇醒，但神志不清，身體有內出血現象，進入一種極具攻擊性的狀態，撕咬人類或動物，不知情者便以為見到吸血鬼。上述疾病的徵狀，確與傳說中的吸血鬼行為有幾分相似。當然，若說這些理論已能圓滿解答古今中外的屍變傳聞，就人言人殊，未必人人都信服。

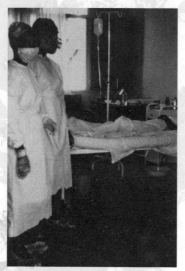

伊波拉病毒患者的病徵，與吸血鬼相仿。

荒誕無稽

　　歷來許多人也認為屍變的民間傳說十分荒誕無稽。17 世紀法國本篤會修士安托萬‧奧古斯丁‧卡爾梅特（Dom Augustin Calmet）質疑吸血鬼理論的邏輯：一個四、五英尺厚的身體，沒有移動和脫離的

空間，被石灰包裹，被瀝青覆蓋，怎麼能走出外面，回到地面；之後它又如何恢復到原來狀態，重新進入地下，然後人們在那裡發現它完好無損、完整且充滿血液，並處於與活體相同的狀態？

傳說被吸血鬼咬過的人會變成它的同類：變化爲另一隻吸血鬼。佛羅里達大學物理學家科斯塔斯·埃夫希米烏（Costa Etthimiou）與學生索翰·甘地（Sohang Gandhi）指出，假設每隻吸血鬼每個月轉化一個人類爲吸血鬼，假如 1600 年 1 月 1 日起世界上出現第一隻吸血鬼，那麼到了 1602 年 6 月 1 日，即世上出現吸血鬼的兩年後，地球已經有 536870912 隻吸血鬼。根據美國人口普查局的數字，1600 年全球人口僅得三千六百萬人，也就是說如果吸血鬼每月咬一人轉化爲同類的話，人類早已滅絕，而吸血鬼缺乏糧食，也早已渴死餓死。

註1：要看專業的死後屍體變化學理，筆者建議閱讀法醫人類學者李衍蒨的《屍體的餘音3》。

註2：這篇主要講述吸血鬼／殭屍的「理性」解釋。筆求認爲，還有一種角度可說明爲什麼人們會無端端把埋在土裡的遺體挖掘出來，那就是因爲「鬧鬼」造成的恐慌。許多個案裡，那些平民之所以挖開墳墓，是因爲集體發噩夢，夢中被死去的人滋擾甚至索命，他們是基於此理由而挖屍檢驗，而不是無的放矢。至於他們造夢是因爲「中邪」、心理作用抑或集體潛意識什麼的，那就另作別論。

吸血蝙蝠

　　吸血鬼故事裡，吸血鬼每每可以化身爲蝙蝠。現實上又有沒有吸血蝙蝠？

　　美洲中南部地區一種名爲「Desmodus rotndus」的蝙蝠，或可稱爲眞正的吸血蝙蝠。

　　這種蝙輻以鮮血爲食，攻擊對象不單是動物，還有人類。1930年代，Trinidad 發生狂犬病，令 90 人及數千頭牲口死亡，當時的人認爲狂犬病的傳播者之一就是 Desmodus rotndus。

　　早在 16 世紀，已有人著手研究這種蝙蝠的吸血特性，但世人確認此點，還得等到達爾文（Charles Darwin）用科學方法觀察，才得以肯定。

吸血蝙蝠攻擊對象包括人類。

人類反擊戰：殲滅吸血鬼之法

吸血鬼不單身體強度、運動能力較常人優秀，兼且身負超自然能力，區區凡人何能抗衡？放心，人類藉著武器、法器、信仰之力，還是勉強可與吸血鬼一較高下，甚至消滅邪魔。

吸血鬼如何誕生？

筆者綜合各種傳說，倘遇上以下幾種情況，屍體便可能變化為吸血鬼。

傾向型：某些人死後容易淪為吸血鬼，但僅是概率較高，不一定如此。邪惡之儔伴隨邪惡的死亡，例如某人生前極度凶殘，碰上非自然死亡（如暴死），死後邪念不散，便會在墳墓復甦，化身吸血鬼。這些人通常是被逐出教會的人。自殺者也可能步此後塵。

宿命型：非婚生子、家中第七子，或出生時長有紅牙或紅牙的孩子。

魔化型：中世紀歐洲相信，女巫與狼人在死後會變成吸血鬼。

感染型：被吸血鬼所咬的受害者也會成為吸血鬼。另外，屍體不可有動物（尤其黑貓）跳過，否則隨時屍變。

儀式型：根據東歐傳說，以下幾類人在死後大有可能變為吸血鬼—從事巫術者、長著一頭紅髮的人，或生前曾與魔鬼、死神有過約定的人。

地點型：在塞爾維亞，但凡流星落地之處，不可埋葬死者，否則死者
　　　　會回來。另外，未舉行葬禮的地方也會出現屍變。

防止吸血鬼誕生

　　為防止屍變，不同地區各有不同習俗。例如東歐民間往往如此安
葬死者：屍體的眼和口必須闔上，面朝下埋葬、在屍體旁放置鐮刀以
驅散惡魔、在屍身上放置十字架等。在一些地方，人們會把死者的足
關節肌腱切斷，或用釘子把腳板釘穿，充當一種預防措施。丹麥人會
用紅繩把兩隻腳的大姆趾綁在一起，極端情況更會把腳砍掉。

　　關鍵的預防措施是對死者進行正確的葬禮。天主教徒害怕死後靈魂
沒有懺悔和赦免。他們相信有 40 天的煉獄期，在此期間靈魂應該完成
旅程，肉體將處於腐爛狀態。

　　某些地方，神父甚至可在 40 天結束時打開墳墓，檢查腐爛的程
度。如果一切都按計劃進行，這些骨頭會被移到骨灰所或重新安葬。
如果屍體沒有按應有的方式腐爛，將視為吸血鬼的跡象，須採取措施
確保該生物永久死亡。

　　猶太信仰上，吸血鬼被稱為 estrie，是怪物和女巫的混合體，會喝
孩子的血。所以人們應妥善處理屍體以備埋葬，防止感染人群成為吸
血鬼。這包括將土壤放入屍體口中。

　　一個來自 16 世紀的故事，與東歐的民間傳說相似，它由埃及拉比
大衛・本・所羅門・伊本・阿比・齊姆拉（David ben Solomon Ibn

Abi Zimra）所撰寫。他警告，絕不應草率埋葬，埋葬前亦必須小心保護屍體。傳統上，屍體須被守衛，守靈者應該背誦詩歌直到埋葬，以免屍體受惡魔或老鼠的侵害。

故事講述一位老婦人死去，屍體三天無人發現。村裡居民認為老婦對窮人小氣，覺得她會一生坎坷。老婦有兒子、女兒、女婿和兒媳，但她沒有和任何一個一起生活，她寧願獨自生活。某次兒子出差時，老婦去世了，但她死了三天仍然無人知曉。在此期間，她被一個類似吸血鬼的惡魔附身，出現在鄰居面前，之後那些鄰居就死了。後來，村民埋葬老婦之後，她每天晚上都會找上生病的人，甚至打他們。傳說經她「探病」的人，有 200 人在 40 天內死亡。終於，村民將老婦遺體挖掘出來，發現「她半吞下了埋葬的帽子」，「鮮血從她的嘴和眼睛裡流出。」村民於是把她火化，但這是違背猶太人傳統的。埃及拉比解釋說，吸血鬼在晚上遠比白天活躍，因此必須時刻看守死者，以防止死者被附身。

十字架、聖水、驅魔咒

在基督宗教盛行的歐洲大陸，最「大路」的驅除吸血鬼方法，當然是請神父、教士等擔當「驅魔人」，藉十字架、聖水及祈禱來對付魔物。儘管在不少影視作品裡，諸如十字架和聖水等效用甚微或無效，　大抵是今人信仰之心不夠堅實，或者吸血鬼生前壓根兒沒有信仰吧。作為傍身之物，始終聊勝於無。但肯定的是，十字架和聖水對「中國殭屍」半點

效用也沒有。

　　如果懂得羅馬尼亞語，一種驅魔咒或能救你一命。在羅馬尼亞的鄉鎮，流傳一首「驅魔咒」，誦文爲羅馬尼亞語，那是一種對吸血鬼不安之魂（Strigoi）的限制令，只要唸誦九遍，持咒後以潔淨的水，淋熄三塊燒紅的碳，吸血鬼即受拘束，不能咬吸人血，法力高強者甚至可令吸血鬼被刀子刺入心臟，在渺無人煙之地靜默死去。

十字架對吸血鬼是否有效？

純銀武器最有效

　　說到底，還是物理攻擊可靠（Game迷宅男或抗議：魔法才厲害。可是，你曉得魔法嗎？）諸如以利刃把吸血鬼斬首；以木樁或銀製武器刺穿心臟，均能有效消滅吸血鬼。至於適合做木樁的木頭，可以橡木或荊木爲質料，也可用山楂木、梣木及白楊木。

當然，大前提是你須具一定武力基礎，否則怎麼打得過它們？武器以純銀打造爲佳，這或與銀器的殺菌能力有關。

若然力不能敵，也可智取。趁白天吸血鬼在棺裡睡覺時動手是常見辦法。打木椿前把一整車的稻草倒進墓穴蓋著屍首防止血濺出來。爲防止被血噴到，對付吸血鬼的人會在身體正面綁一張牛皮。

也可以想法子把吸血鬼誘至陽光底下、利用大火攻擊，也不失爲殲敵之法。如果遇到一只笨吸血鬼，騙它把大蒜吞下也可。

如果單純想防守，預防吸血鬼的襲擊，畜養一頭白馬也許是妙法。據說白馬對魔物異常敏感，如走到有吸血鬼棲身的墓地，便會驚惶嘶叫，掙扎霍立，拒絕前行。此外，野薔薇藤蔓、罌粟種子等附尖刺的植物，也有一定驅魔效果。

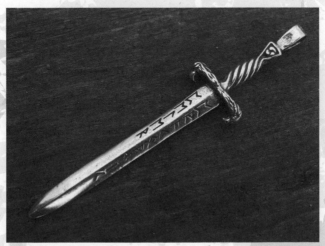

相傳銀製武器能有效剋制吸血鬼。

自稱吸血鬼的血族

　　吸血鬼以木乃伊和殭屍沒有的方式吸引了許多人的想像力。這在整個西方世界的吸血鬼亞文化中表現出來。這種亞文化相信吸血鬼是真實存在的，有些人採用吸血鬼的生活方式。

採用吸血鬼的生活方式

　　早在 1972 年，美國靈學學者 Stephen Kaplan 便於紐約設立「吸血鬼研究中心」。Stephen　所採取的調查手段之一是問卷，經統計，該中心堅稱全球住著近千個吸血鬼（ 1970年代 ），單是美加便「活著」600 個，其餘數以百計吸血鬼遍佈世界。更叫人驚異的，該中心聲稱，吸血鬼正如傳說一樣，確能藉吸人血而長生不老。根據 1992 年 10 月吸血鬼研究中心的哈珀指數，世界上有 810 名吸血鬼。

　　在美國亞特蘭大，有人建立了一個吸血鬼聯盟，創建者聲稱它是由真正的吸血鬼成立，聯盟的成員包括「真實吸血鬼」和「生活方式吸血鬼」，以及充當「捐贈者」的非吸血鬼、平凡人或麻瓜（註1）。他們沒有領袖，生活沒有規則。他們認為自己更像是一群志同道合的人共存。

　　美國納什維爾吸血鬼部落的「領袖」聲稱吸血鬼群體之間存在地區差異，並且存在明顯的文化等級制度。在其網站上將真正的吸血鬼定義為：

　　「本質上是一個吸血者或能量供給者，可以表現出不同程度的精

神能力。……吸血鬼是那些若不從其他來源獲取血液或生命力能量的情況下，無法充分維持自己的身體、精神或精神健康的個體；經常是人類。如果不餵食（無論是定期的還是不經常的），吸血鬼會變得昏昏欲睡、生病，並且經常經歷身體上的痛苦或不適。吸血鬼經常表現出同理心、感知情緒、感知其他人的光環，並且通常在精神上意識到他們周圍的世界。」(註2)

喝人血而非動物血

眞正靠吸血生存的吸血鬼，也被稱爲血族吸血鬼，他們通常喝人血而不是動物血。有時候，這些「吸血鬼」被稱爲患有「 Renfield 綜合症」，以斯托克的《德古拉》裡人物命名，他們吃活昆蟲，渴望生命力。「Renfield 綜合症」被視爲對喝血的痴迷。

美國肯塔基州默里的一個青少年吸血鬼團體，在某所「吸血鬼酒店」（由媒體所取的綽號）中聚會，參加吸血鬼角色扮演。他們喝彼此的血，又殺死小狗。隨後，其中四人前往佛羅里達州謀殺了一位朋友的父母，然後乘坐父母的車前往新奧爾良。

據紀錄，一些謀殺案裡，兇徒是沉迷吸血鬼的擁躉。例如，1980年，23 歲的詹姆斯‧里瓦聲稱吸血鬼指示他殺死他 74 歲的祖母。當血液從傷口流出時，他喝了祖母的血。他深信自己已經 700 歲，因爲祖母的血會維持他的生命，儘管他的祖母本身因爲太老而無法正常工作。

於 2018 年 7 月播出的《黑暗遊客》(Dark Tourist)，是一套描繪另

類、令人毛骨悚然的旅遊紀錄片。記者大衛・法瑞爾（David Farrier）前往新奧爾良，與兩群吸血鬼共度一段日子。

　　法瑞爾遇到的第二組是「真正的吸血鬼」，他們覺得自己需要喝血才能生存。其中一個吸血鬼聲稱，如果他不喝血，就會變得遲鈍、毫無生氣、眼睛呆滯，無法集中注意力：「當血液碰到我的舌頭時，會發出能量的劈啪聲。就像我終於復活了一樣。」不過，這些吸血鬼並不採取傳統方式靠咬脖子吸血，他們改為在捐贈者的背部切開一個口子，然而吸吮傷口上的血液。

　　有一個叫「吸血鬼聖殿」的組織，認為吸血鬼是「人類進化的下一步」，他們致力幫助成員獲得「財富、健康、個人權力和無限延長壽命」。然而，吸血鬼聖殿強調：「吸血鬼神話包括對所有生命的熱愛和尊重、身體不朽、個人優雅、成熟的智慧、文明的行為、世俗的成功和個人幸福等方面。聖殿拒絕吸血鬼神話中那些消極的方面，包括任何反生命、反社會、死亡論、粗暴、血腥、自欺欺人或犯罪的方面。」（註3）

　　吸血鬼聖殿成員賴以生活的信條表明：
　　我是吸血鬼。
　　我崇拜我的自我，我崇拜我的生命，因為我是唯一的上帝。
　　我很自豪我是一個掠食性動物，我尊重我的動物本能。
　　我高舉我的理性頭腦，不持有任何違背理性的信念。
　　我認識到真實世界和幻想世界之間的區別。

我承認生存是最高法則。

我承認黑暗的力量是隱藏的自然法則

我通過它施展我的魔法。

我知道我對儀式的信仰是幻想，但魔法是眞實的。

我尊重並承認魔法的結果。

我意識到沒有天堂也沒有地獄

我認爲死亡是生命的毀滅者。

因此，我將充分利用此時此地的生活。

我是吸血鬼。

在我面前鞠躬。

註1：《哈里波特》中的用語，意指不懂魔法的平凡人。

註2：Suscitatio Enterprises 網站：www.suscitatio.com/

註3：關於血族的記載，見Charlotte Booth, A History of the Undead: Mummies, Vampires and Zombies

吸血鬼的盟友與天敵

吸血鬼與狼人，是一對活寶。電影和文學作品裡，它們時而為敵，時而結盟，也有說狼人是吸血鬼之僕。究竟這兩種「生物」有何千絲萬縷的關係？另外，誰能堪當吸血鬼的千年敵人？

狼人：吸血鬼一體兩面

很多文學、電影裡，均把狼人與吸血鬼描寫成天敵。但早期文學所描述，與近代的理解不一樣。譬如德古拉伯爵，可以變身為犬，甚至號令狼群，豈不是與狼人性質極為類似？

事實上，古歐洲大陸，對狼人與吸血鬼的區分，似乎不如今天般壁壘分明。譬如在希臘，居民稱吸血鬼為「維科拉加思」（vrykolakas），這名詞，在巴爾幹半島，卻是指狼人；波蘭但澤之傳說，狼人死後竟會變成吸血鬼！

斯拉夫語「vrykolakas」，意思是狼人。相傳凡自殺或被教會開除教籍的人，死後若葬在未經祈禱的地方，它們的屍體將不腐爛，可能變成擁有狼樣貌的「狼人」。有研究者認為，17 世紀於波西米亞、波蘭、匈牙利、俄羅斯、希臘等地出現的吸血鬼傳說，是由狼人傳說演變而來。因為希臘吸血鬼也被稱為 vrykolakas，隨著時間推移，演變成斯拉夫語中的狼人。人們相信狼人死後變成吸血鬼，所以這個詞語可以互換地稱呼吸血鬼或狼人。在烏克蘭，吸血鬼被認為是女巫和狼人或惡魔的

後代，而在塞爾維亞，vukodlak 可能是吸血鬼或狼人。

狼人與吸血鬼的關係複雜。

中世紀獵狼人

　　許多人知道，歷史上中世紀曾發生「獵巫」慘劇，無數婦女遭教廷指控爲女巫，活活燒死。其實在黑暗的中世紀，歐洲也曾出現「獵狼人」悲劇，成千上百的民衆，若是手腳上生著長毛、眉毛體毛濃密，加上犬齒長得較爲尖銳（如果那人是新月夜出生，就更百辭莫辨），往往就會被誣衊爲狼人，慘受酷刑處死。（註1）

　　有指一種稱爲CGHT「先天性全身終毛增多症」的罕見遺傳病，可以用來解釋「狼人」傳說。由於患者的面部及全身均長滿既長且黑的

毛髮，看起來就像狼人，因此此症又名為「狼人綜合症」。

吸血鬼獵人　千年之戰

談過吸血鬼與狼人的關係，當然少不了探究吸血鬼的天敵——「吸血鬼獵人」！

由於吸血鬼異常強大，非一般人所能對付，電影中便常安排吸血鬼獵人擔當魔物的對手。這些獵人往往是人與吸血鬼所生的後代——正如日本漫畫《龍珠》的撒亞人後代一樣混血兒較純種更強——這些半人半吸血鬼的生物，既擁有不下於吸血鬼的身體質素和體能，運動能力及反射神經超卓，更重要是可安然在日光底下行走。這些「日行者」（Daywalker）正是吸血鬼的天敵、人類的救星。

源自斯拉夫傳說

別以為這只是創作人憑空想像，原來這橋段是有根據的。電影、動漫裡經常出現的「吸血鬼獵人」，現實中可能也出現過。20世紀中葉，塞爾維亞的農民為了保護自身安全，會僱用一群專業的吸血鬼獵人，他們身手高強，行事神秘，每逢與吸血鬼戰鬥過後，現場總是不見屍身，只留下一灘血跡。據說他們並非常人，真正身份乃「半吸血鬼」（Dhampyr）。

根據吉卜塞傳說，人與吸血鬼的後代，先天擁有抗衡吸血鬼的能

力；斯拉夫傳說更形容，半人半吸血鬼者，肩負著與吸血鬼戰鬥對抗的命運。這種傳說的存在，導至後世不少電影以此為題材，創作出半人半屍的吸血鬼獵人。

科學怪人 客串登場

科學怪人與吸血鬼「同場演出」的頻率雖遠較狼人少，也不是沒出現過，如電影《狙魔人》(Van Helsing) 中吸血鬼、狼人與科學怪人便聚首一堂。

其實科學怪人來自一本小說。在歐洲一幢別墅裡，瑪麗‧戈德溫參與了一場特別的聚會，席間與會者所談論的盡是稀奇古怪之事。因席間的話題，她與《德古拉》的作者一樣，做了一場噩夢。

在夢中，她看到有一年輕的學生，利用人體不同部位的殘肢，併合了一個生物。多得這幕怪夢，促使她創作了日後的經典名著——《科學怪人》(Frankenstein)。

註1：關於狼人的更多傳說，可參看筆者的《異界默示錄　超常傳說解密》

屍戲迫人

《幽靈刺客》到《妖夜尋狼》高科技v.s.神秘力量

　　觀賞這兩套系列電影的觀眾，大概不會期望戲中有何微言大義。不扮高深、劇情薄弱、無腦地打、傾力地耍帥，是它們的共通點。不過，在吸血鬼迷的眼中，自會自得其樂地發現趣味點（ 惡趣味？ ）。大家心裡一直存一疑問：以現今人類科技，若對上那古老而神秘的力量，究竟誰勝誰負？兩齣電影正好回應此疑團。

　　《幽靈刺客》系列（ Blade，台灣、大陸均譯《刀鋒戰士》）引用了吸血鬼獵人傳說。主角 Eric Brooks 的母親，因懷孕時被吸血鬼之血所污染，是以主角一生下來便是半人半吸血鬼，擁有超乎常人的戰鬥力，而無懼日光。因認同人類身份，故成為吸血鬼獵人，為人類而戰。而《妖夜尋狼》系列（ Underworld，台譯《決戰異世界》，大陸譯《黑夜傳說》）則採取吸血鬼與狼人互相為敵的故事架構。女主角Selene　本是吸血鬼一族的優秀戰士，因族人的陰謀詭計，變成不容於吸血鬼與狼人兩大陣型，更與半殭屍半人狼的米高發生感情。

　　無獨有偶，兩齣電影均把傳統用以對付吸血鬼的法寶現代化。Eric Brooks使用銀製手裡劍與大刀以外，還有一把巨型的火焰槍；Selene常使「吳宇森式」雙槍，將含日光能量之子彈，狠狠地毫無憐憫地射向吸血鬼同胞。他們一出手，一眾吸血鬼嘍囉莫不望風披靡，現代科技大勝原始嗜血暴力。當然，你精明敵方也

不笨，雙方的大壞蛋們也懂得採用生物科技去研究如何不怕太陽曬甚至搞搞無敵基因新物種⋯⋯

　　所以最終統治者是人是狼人是吸血鬼根本無關宏指，征服世界的是科技。可以想像，吸血鬼活在文明社會，很可能一邊喝人造血醬（其實不少電影早已提出此概念），一邊全神貫注玩電話，跟人類一樣淪為低頭族，久而久之演化出一群「草食吸血鬼」，都懶得去狩獵活人吸血了。

《幽靈刺客》的吸血鬼獵人，原是半人半殭屍的混血兒。

《妖夜尋狼》主角以現代火器對抗吸血鬼。

CHAPTER
2

中國殭屍

一遇邪氣便詐屍

詭異傳說1：哈爾濱貓臉殭屍

上世紀 80、90 年代，不少民間靈異事件流傳。其中，在 1995 年，黑龍江哈爾濱流傳一宗「貓臉老太太詐屍吃人」事件。

故事有好幾種說法，主要流傳兩個版本。第一個版本說，一位老婦人去市場買菜，回家時不知發生什麼事，也許是病發，死在路途上。民間相傳，屍體最忌有動物跳過，尤其是貓。偏巧剛好有隻貓經過，邪門的事情發生了，老婦忽然坐了起來。途人見到，老太太的半邊臉竟變成貓臉，模樣極其恐怖。此傳聞並未敍述老婦「詐屍」後有何動作，也許是途人都嚇得雞飛狗走，沒人知道她哪裡去了。從此之後，經常有小孩失蹤，傳說是給一個貓臉的殭屍吃了……

這明顯是一個「故事」，細節未免太薄弱虛假。另一個版本的傳說，情節就比較豐富些。

話說在黑龍江北部一條村落，住著一名老婦及她的兒子、媳婦。這家人經常口角爭執，老婦人與兒媳之間相處得不大好。有一天，他們又再爭吵，老太太更跟媳婦打起上來。到了晚上，大概是一時氣不過來，又可能因為長期抑鬱，老婦終於想不開，上吊自盡了。

老婦死不閉目，眼睛半睜，面目猙獰，舌頭發黑還伸出嘴外。按當時當地的習俗，人死後不會立即入土為安，家人須守靈，遺體會放在家裡一段日子。期間還得進行一些儀式，例如穿壽衣。然而老太太的死相太嚇人了，沒人敢替她穿壽衣。

那時候，兒子外出了不在家中，待他趕回來，見母親死了，雖然平日吵吵鬧鬧，畢竟是兩母子，看到遺體便跪地痛哭。親屬受到哀傷氣氛感染，覺得老婦遺容也沒之前那麼可怖了，於是合力替她換上壽衣。

到了晚上，兒子依慣例守靈，因為有點害怕，拉著鄰居一起聊天陪伴。時至深夜，兩人均撐不住在打瞌睡了，這時候，一隻花貓跑到屋裡，還跳到老太太的遺體上面。

兒子睡夢中發現異樣，迷迷糊糊間張眼一望，猛然見到母親的屍體坐了起來，惡狠狠地望住自己，這還不止，她的面容半邊人臉，半邊卻是貓臉！

老婦屍變了！

殭屍老婦跳下床，向熟睡的鄰居伸手抓去。兒子大驚逃跑，呼喊「我媽詐屍啦！」鄰居也許睡得太熟、也許被一股神秘力量遮蓋聽覺、又也許他們雖聽到叫喊聲，但過於驚恐，人人都不敢起床查看發生何事，索性關起門來不管了。總之，沒人向兒子伸出援手，連狗兒也不敢汪汪叫，彷彿被邪氣震懾，只是發出低沉的嗚嗚聲。

等到天亮了，兒子找來一夥人壯膽回家，只見鄰居腸穿肚爛慘死當場！老婦屍首卻不見了。往後的日子裡，村裡的動物不時離奇消失，還有幾個小孩子失蹤了，弄得人心惶惶，大家都不大敢出門。要上班上學的，唯有結伴而行。村民流傳說，倘若碰見殭屍，記得繞彎逃跑，據講殭屍不會繞彎云云。學生上學，紛紛綁條紅繩，聽說紅繩有僻邪的功效。正所謂好事不出門，如此八卦又恐怖的故事，很快便傳遍整個黑龍江。

事件驚動了政府部門，據說最後出動軍隊，終於把貓臉老婦殭屍擊斃了。

有人提出理論說，故事背景其實涉及兒童拐賣：當時確有不少兒童失蹤了，疑為犯罪集團所為。犯罪份子還編造詐屍故事，以圖掩飾罪行。但筆者認為，若然當地廣傳詐屍傳聞，小孩子無論去哪兒都結伴同行，人口販子豈不是更難下手？所以我認為此說法也相當可疑。

詭異傳說2：2012「末世」殭屍

回溯 2012 年，那一年不僅是聳人聽聞的瑪雅預言末日之年，在中國，更出現多宗疑似殭屍作祟故事。

在人口稠密的都市，人與人之間磨擦多，爭執難免也多，有時更會釀成血案。2012年，一名醉酒的中國公交車司機，因另一名女司機擋住他的去路，心生不忿，大發雷霆，結果發生一件相當不幸的事件。

馬路上，女性駕駛者每被指控駕駛技術不佳，姑勿論那是偏見、歧視抑或有的放矢，難以否認這是不少人的固有／刻板印象。這事件中，涉事公交司機也許看不起女司機，也許因為醉酒，當遇上車輛攔著去路，公交司機的反應是勃然大怒，破口大罵，完全沒耐性等待女司機移開車輛。

這也罷了，忽然間，男司機衝出馬路，更跳上女人汽車的引擎蓋上。女司機不得已下車，場面變得更糟糕，醉酒漢撲到她身上，更朝她臉上大咬大嚼！

猶幸女司機活了下來，但需接受整形手術來修復傷口。這事件明顯是一宗醉酒傷人案，但在當地，民間流傳另一種說法：

那公交車司機可能被殭屍附身，或根本殭屍化，他咬噬女人，不止為了血肉，還要吸取活人的氣。

在公交車司機化身「殭屍」襲擊人的同一年，某地鐵車廂裡，一名退休教師與一年輕人爭吵，所爭的，只不過是座位。別以為 67歲 的退休教師好歹是文化人理應溫文爾雅，他顯然老羞成怒，還向年輕人動粗。年輕人把長者推開並反擊，但他竟然「君子動口不動手」——用口去咬噬那退休教師的臉！旁觀者初時欲勸架，但當見到年輕人殭屍般的

行徑時，他們大驚失色地退開了。更令人困惑的是，二人都沒遭逮捕和檢控。

　　坦白說，這兩宗個案只是社會事件，頂多是有點異常。硬要說，那也比較像外國一些因吸毒導致的類「喪屍」(本書第三章細述)，不像傳統的殭屍。以下的個案，同樣發生在 2012 年，就非常具備屍變元素。

　　相比前述的血腥襲擊，這事件就和平理性非暴力得多。話說在 2012 年，一名 95 歲的李老太太，有一天跌倒了，頭部受重創。鄰居發現她時，怎麼也叫她不醒，大驚：「李婆婆死了！李婆婆死了！」

　　李老太被判定逝世，遺體在棺材裡。按照習俗，埋葬前會停靈幾天。

　　在葬禮前一天，詭異的事發生了。有人目睹一個像極老太太的人，在廚房裡做飯！終於，真相揭曉了：那人真的是李老太。

　　李老太似乎對事發經過十分模糊，只記得自己醒來時，周圍沒有人，於是從棺材裡爬了出來。然後她覺得肚餓了，便想煮點東西吃。

　　究竟這是單純的誤判死亡事故，還是李老太因不知明原因甦醒過來？如果當初的死亡判定並無出錯，究竟發生了什麼？從故事細節推敲，她看起來不像傳統意義下的殭屍，但有沒有可能是民間流言所說：這是奪舍？真相難以得知。

詭異傳說3：1995年成都殭屍案

位於成都的「府南河」，時值 1995 年，有段日子，突然許多人跳河自殺。有一天，民眾從河中打撈了一具屍體，屍體猶如被火燒過一般……沒多久，當地就盛傳府南河鬧殭屍。

沒多久，成都出現一則傳聞：成都市的考古隊在武侯祠（或說是青城山九老洞）附近挖到五具（另一說是三具）清朝古屍，由於相關部門監管不善，事隔一夜，幾具古屍竟然不翼而飛。

幾天後，成都出現殭屍襲人事件，目擊者說它們於晚上出外，見人就咬，被咬到者有的當場死亡，有的卻因此變成了殭屍，完全沒有了自我意識，同樣見人就咬。

相傳目擊者眾多，事件造大轟動。故事說，那時學校老師要求學生放學後立刻結伴回家，家長們也不允許小孩外出，有人甚至在枕頭旁邊放了榔頭或辟邪之物，預備隨時和殭屍搏命。最後要出動軍隊，用噴火槍將殭屍燒死。

一般而言，但凡出現什麼足以引起公眾恐慌的事件，官方的立場肯定是「絕無此事」，並極力壓制消息。不過，大抵民間太沸沸揚揚，難以隱瞞，所以出現幾種「科學解釋」來辟謠：

第一個版本說，府南河那年頭發生了一些離奇命案，很多人跳河自殺。河水其實不深也不急，但掉進水了裡還是淹死了。後來成都盛傳府南河鬧殭屍，就是源出於此。

有人報稱，在龍泉驛平安鄉一姓林家庭，家中狼狗患上狂犬病，把飼養的豬咬死了。那家人不曉得，還把被狗咬死而受感染的豬吃掉。當晚，全家人發病，發熱兼神智不清，全身發熱皮膚發紅，見人就咬，先後令鄰近多人受傷，包括兩個小孩和一老人。

　　翌日，那家人在親友陪同下去成都看病，途經合江亭一段，林家人再次發病，見人就咬，多人被咬傷。起初，被咬傷的人並不知道會傳染，被感染者有的死了，有的一發病又繼續咬人。最後，龍泉驛發現了幾具被咬死的屍體，被傳說是殭屍吸血，還有報章報道。

　　如果此說爲眞，這倒與本書第三章所述狂犬病可導至「喪屍」橫行之說不謀而合。有人質疑：狂犬病是有潛伏期的，沒見過當天咬當天便發作，因爲狂犬病毒是通過中樞神經進入大腦的，病毒需要繁殖複製的時間。

　　另外，如果殭屍事件是由林家染疾而起，那麼過程中如何「以訛傳訛」，爆出「清朝古屍」情節來的呢？

殭屍經常以古代服裝出現。
(臺南市美術館「亞洲的地獄與幽魂」facebook)

言之鑿鑿的民間異物

上世紀80、90年代，以殭屍為題材的港產片大行其道。這些電影塑造了一種陰森但帶點諧趣的形象：穿著壽衣、入夜後從棺材突撲而起，雙腿僵直，以跳代行，朝活人追逐襲擊。如此深入民心的殭屍造形，並非由電影人原創，而是源自中國民間傳說甚或古籍。

全人類的夢魘

其實死屍作祟，無論古今中外，類近傳說一直存在。中國向來有行屍、跳屍、趕屍的記載；西方也有喪屍或活死人（Zombie）與吸血殭屍（Vampire）的傳聞。對屍體恐懼，似乎與怕鬼一樣，是全人類潛藏心底的夢魘。

你可能以為：這一切只不過是電影情節，現實哪來殭屍？東歐人相傳，如果死者符合特殊條件，就可能屍變，無獨有偶，中國殭屍也有非常雷同的特徵和行為。中國殭屍，民間稱為詐屍、炸屍、遊屍或走屍，清代紀曉嵐的《閱微草堂筆記》記載了屍變種類：「殭屍有二：其一新死未殮者，忽跳起搏人；其一久葬不腐者，變形如魑魅，夜或出游，逢人即攫。」古老相傳，若屍體有待殮葬或久死未葬，又受外在刺激如被貓狗接觸，或淚滴屍身，即生屍變。湊巧的是，東歐民間的屍變傳聞，同樣忌諱黑貓跳過遺體，恐致屍變，兩者到底有沒有關聯？

讓我們看一則20世紀初的報章「報道」（註1）。在台灣日治時期，有一名基隆人，名稱不詳，記載上僅說他叫某甲。某甲有一妾侍，但二人早已分居數年，妾侍另與情人許某居於台北艋舺。話說某甲猝死，那妾侍歸家見其最後一面。未知假裝悲傷還是念及舊情，妾侍哭

中國殭屍的造形別具一格，一眼便可分辨得出。

了起來，滴淚更沾在某甲屍身上。

民間相傳，淚滴沾屍，死者鬼魂必回來作祟。對於這種說法，妾侍倒是深信不疑。回到艋舺後，果然不時夢見某甲，初時妾自是驚懼，但夢得多倒也習慣起來，見怪不怪。有一晚睡覺時，妾侍忽聞一陣奇臭，原來有人趴伏在自己的手肘下。看清楚，原來那「人」正是前夫某甲！妾侍驚駭逃命，殭屍竟然爬起來從後追趕！慌亂奔逃時，婦人仆跌地上數次，同室人士都給驚醒了。大家詢問發生何事，妾侍口中的前夫殭屍卻不見了。

如果當眞鬧殭屍，怎可能突然消失無影無蹤？如果只是婦人心虛做噩夢，爲何醒來依然見到殭屍追趕，還多次仆倒於地？民間相傳，這種既似屍變又像鬧鬼的現象，叫屍鬼。

這次屍鬼作祟後，倒也相安無事了一段日子。但數個月後，妾侍再次見到屍鬼現形！或許嚇得厲害，又或者心虛內疚，不夠兩天，她與情人許某服毒自盡了。

早至漢朝已見線索

殭屍傳聞最早出現於何時，頗難稽考。據學者考證，有關殭屍的民俗筆記或述異小說，主要出現於清代，如《聊齋誌異》、《子不語》、《閱微草堂筆記》等，唐宋以前記載不多且零碎，但屍變觀念早於漢代已有雛型。

周作人在〈文藝上的異物〉說，殭屍是「異物中最可怕的東西」。但一直以來，很少人對中國的殭屍故事說得出什麼所以然來，究竟作者們撰寫這類故事的目的、根據、意涵為何。

筆者有種想法：若作者們是以民間、村落的「真實事件」加以敘寫，當然不排除有誇大神化之處，但大體來說，這些「故事」的性質，有沒有可能屬於「記錄」，而不是專家口口聲聲的「杜撰」？

《聊齋誌異》裡〈屍變〉一文描述的殭屍特性成為後世參考對象。

註1：見《臺灣日日新報》，1910年7月16日「厲鬼為祟」報道。轉引自《妖怪臺灣：三百年島嶼奇幻誌‧妖鬼神遊卷》，何敬堯著，聯經出版，2017。

成屍之路——魂飛魄未散

講到中、西殭屍之別，最明顯的特徵，在於中國殭屍與陰陽二氣息息相關，而西方的則特別「嗜血」。就讓大家多認識一下堂堂華廈大國的傳統妖邪，彼此親近親近吧。

魂善良　魄邪惡

「(殭屍)白毛遍體，目赤如丹砂，指如曲勾，齒露唇外如利刃……接吻噓氣，血腥貫鼻……」紀曉嵐的《閱微草堂筆記》如此形容。清代袁枚《子不語》則描述得更豐富立體。

首先，我們得了解人死了何解會屍變。<石門屍怪>一文如此解釋：當無人收斂的屍身受到活人陽氣感應，身子便活動起來。<南昌人士>的故事就講得更明白。話說有位書生，遇見另一位年老書生。起初一老一少閒話家常對答如流，但年輕書後不知道，那老者其實早已死去。過了一段時間，老者的屍身開始失去「人性」，追著書生跑，書生須爬到樹上才得保性命。

大家或許也聽過，中國人素有三魂七魄之說。文章解釋，原來魂是善良，魄是邪惡的，那老者的屍體，初時魂未泯滅，魄依附魂的意志而行，所以仍能與書生對答；但後來魂離散了，魄亦失控，於是開始襲擊活人。

屍變五大誘因

總體而言，據古籍所載，屍體每因以下五種狀況而變異：

1.受陽氣牽引：最常見的屍變主因是受陽氣牽引而走魂。
2.飢渴求食：例如在<殭屍求食>一文中，有隻懂說話的殭屍直言：「我山門內之長眠者，無子孫，久不得血食，故外出營求以

求腹餒。」

3. 得地氣：〈秦中墓道〉記述：「秦中土地極厚，有掘三五丈而未及泉者。鳳翔以西，其俗人死不即葬，多暴露之，俟其血肉化盡然後埋葬，否則有發凶之說。」

4. 音頻影響：《酉陽雜俎》記述，河北有村落裡的婦人，新死未殮，日暮時有樂聲漸起，屍體聞之起舞，倒旋出門，顯然是因樂聲而引致屍變。

5. 雷鳴干擾：《博異記·崔無隱》記述，有女屍因「雷聲一發」引起屍變，追逐生前拋棄自己的負心漢。

殭屍外觀及特徵

大部份屍變傳聞中，殭屍皆長著尖爪，其指甲之利，更可掐入木頭之中。如〈殭屍夜肥晝瘦〉所述：「凡殭屍，夜出攫人者貌多豐腴，與生人無異，晝開其棺，則枯瘦如人臘矣，焚之有啾啾作聲者。」

另外，像大部份的鬼故事一樣，殭屍是屬於黑夜的，日光是殭屍的最大剋星，天一亮、雞一鳴，殭屍便難以動彈。

只能跳，不能走？

人死後，屍體僵硬，兩膝難以彎曲，所以電影中，殭屍總是靠小跳躍來移動。但古代文獻卻並未言及殭屍只能跳不能走，應該是後人想像的添加物。

其實，一般人對殭屍時有誤解。譬如雖然中國殭屍撲襲活人往往受陽氣牽引，但並不代表「只服氣、不吸血」，它們同樣會吸血吃人肉，後文將細述。另外，別以為中國殭屍總是笨笨呆呆似的很易應付，那只不過是它尚未「升呢」（提升等級）。據《子不語》所載，殭屍分

為多種，分別是紫殭、白殭、綠殭、毛殭、飛殭、伏屍、遊屍等，其中飛殭是修煉千年的殭屍，能飛行曉法術，可謂與大銀幕上的吸血鬼不相伯仲！

屍戲迫人

《殭屍先生》系列以笑遮恐

　　童年時誰不對恐怖電影又驚又要看？無論是猛鬼的陰冷、喪屍的嚇人、吸血鬼的凶猛，莫不教小孩子觀後驚得忍住夜尿不敢上廁所，甚至連成年人也在強裝鎮定，早鑽進被窩大被蓋過頭。但是，我猜應該不會有誰給中國殭屍嚇倒：試問一隻只懂呆呆使出小跳步，雖然力大無窮但不怎麼「好打」(戰力偏低，老是抓不到人)，即使你身陷險境，只須立即忍住呼吸幾秒，「你睇我唔到、你睇我唔到」……它便笨頭笨腦當眼前獵物不存在，如此搞笑的怪物，宜放生到迪士尼樂園逗小孩子開心，誰怕誰呀？

　　令中國殭屍「尊嚴盡喪」的元兇，便是 1980 年代盛極一時的港產片《殭屍先生》系列（泛指該作品及續作《殭屍家族》、《靈幻先生》、《殭屍叔叔》及《新殭屍先生》等一系列影片）。這齣由林正英、錢小豪、許冠英、午馬等人主演的系列電影，開創出詼諧逗趣的殭屍電影風格，票房一時無兩。經他們這麼一搞，多年來殭屍一直雄風不再，明明在民間傳說裡妖異凶惡，足以與外國吸血殭屍互相揮映，無奈時不與我，當 21 世紀全球喪屍及吸血鬼電大放異彩之際，中國殭屍繼續扮演陳年小丑，在全球屍人家族裡永遠抬不起頭。中國殭屍，應該死不瞑目。

殭屍家族 十三凶邪

細究中國殭屍一族，其實不只一類。《閱薇草堂筆記》記載：所謂新死未殮跳起搏人的，俗稱「炸屍」；而久葬不腐，則稱爲「蔭屍」。不過這僅屬粗略之分，實際上殭屍足足有十多種，絕不能少覷。

十三不詳

據《子不語》正、續篇二書中，共描寫了十三類殭屍，分別爲紫殭、白殭（白凶）、綠殭、黑凶（黑殭）、毛殭、五色毛殭、飛殭、伏屍、游屍、不化骨、鬼魃、犼及干麂子。

當然，以古文之簡潔，許多時只得片言隻語，詳情唯有後世自行推想。像〈掘冢奇報〉講述盜墓者的所見所聞：「棺中殭屍不一，有紫殭、白殭、綠殭、毛殭之類。」〈秦中墓道〉：「屍體若未消化而埋葬，倘得地氣，三月之後，遍體生毛，白者號白凶，黑者號黑凶。」皆僅以聊聊數語提及不同顏色的殭屍

〈屍奔〉述及「五色毛殭」，那是一種說話的殭屍，能呼喊人名。另外〈骷髏三種〉記述：地中有游屍、伏屍、不化骨三種。

游屍：乘月氣應節而移，無定所。久而爲飛行夜叉。

伏屍：千年不朽，常伏地。伏屍久則受精氣爲游屍。

不化骨：其人生前精神貫注之處。例如生前爲輿夫，由於腿骨經常用力，精氣結聚，故腿骨入土不朽，色黑如石，久得日月精氣，更會作祟。

鬼魃則是一種會說話的殭屍。據說殭屍若被鬼魃所附，則變爲鬼魃，（魂少魄多，魂掌握精神，魄主宰肉體），懂得開口說話。

飛殭化夜叉

至於飛殭，實力比前述幾種高許多。它遍身長滿尺餘長毛，力大如熊，且會「夜出攫人損稼」；時間日久，會變成「飛天夜叉」。

《子不語》〈飛殭〉篇說：「凡殭屍久則能飛，不復藏棺中，遍身毛皆長尺餘，氄氄披垂，出入有光。又久，則成飛天夜叉，非雷擊不死，為鳥槍可斃之。閩中山民每每遇此，則群呼獵者，分踞樹林擊之。此物力大如熊，夜出攫人損稼。」

〈飛殭〉中的殭屍會捕食人類小孩(有些研究者說，中國殭屍只服氣不進食，以上可見該說法不大準確)，因懼怕鈴聲而不敢回到棲身的洞穴。原來只要殭屍「活」得夠久，便會化為飛殭。飛殭遍身是毛，長達一尺。再進化便成為「飛天夜叉」，只有兩種東西能致牠於死地：鳥槍與雷擊。

飛殭修煉晉級，可化為夜叉。

旱魃之名　源遠流長

但更厲害的是旱魃。《閱薇草堂筆記》說，「殭屍有二：其一新死未殮者，忽跳起搏人；其一久葬不腐者，變形如魑魅，夜或出游，逢人即獲。或曰：『旱魃即此。』莫能詳也。」《子不語·旱魃有三種》亦說旱魃有三種，一種似獸，一種由殭屍所變，最厲害的名叫「格」，只有一只眼睛，能夠吃掉龍。

《續子不語》記載：「旱魃有三種：一種似獸，一種乃殭屍所變，

皆能爲旱，止風雨。唯山上旱魃名『格』，爲害尤甚。似人而長，頭頂有一目，能吃龍，雨師皆畏之。」

民間相傳，「旱魃」的出現，會導致大旱災降臨，要解決此問題，方法是把旱魃殺掉再燒其屍，自然天降甘霖。

其實，遠溯至《詩經‧大雅‧雲漢》已有「旱魃爲虐，如惔如焚」的說法。而《山海經‧大荒北經‧黃帝女魃》也有「有人衣青衣，名曰黃帝女魃」之說。

最後談一談「犼」，這亦是由殭屍所變。「屍初變旱魃，再變即爲犼。犼有神通，口吐煙火，能與龍鬥，故佛騎以鎮壓之。」犼厲害得可以與龍戰鬥，佛祖拿牠當坐騎予以鎮壓。

由殭屍所變的異獸——旱魃。

中國殭屍也嗜血

古今中外皆有屍體變異、活屍襲人之傳說，由於各地風俗不同、文化有異，流傳的故事細節未盡相同，但細察之下，還是可見到這些傳聞隱然接通的地方。那麼，中國殭屍與西方活屍，兩者有何區別？

主要差異在於：西方活屍主要吸血，而中國殭屍還會吸取「人氣」。例如《聊齋誌異》的〈屍變〉篇，故事中女屍以吸陽氣維生，被吸陽氣者皆喪命，唯一倖存者靠閉氣才逃出生天。

為何追逐活人

先看看與氣有關的段落。《子不語·屍奔》描述：「屍能隨奔，乃陰陽之氣翕合所致。蓋人死陽盡絕，體屬純陰，凡生人陽氣盛者，驟觸之，則陰氣忽開，將陽氣吸住，卽能隨人奔走，若繫縛旋轉者然。……若與死者對足，則生者陽氣盡注死者足中，屍則能起立，俗呼爲走屍，不知其爲感陽也。唯口不能言，其能言者，爲『黃小二』之類，爲老魅所附。」

原來，殭屍會受生者的陽氣所牽動，因此能隨人奔走。另外，殭屍也會吸攝陽氣，

陽氣倘被吸盡，人便死去。唯一自保方法，便是閉氣，令殭屍發現不到。

閉氣可令殭屍察覺不到你的存在。

中外活屍皆吸血

有研究者認為，中國殭屍吸服元氣，與西方吸血鬼以吸血維生截然不同；但事實上，袁枚《子不語》的〈殭屍吸人血〉篇(受害者「無血矣，蓋盡為殭屍所吸也」)、〈犼〉篇(受害者是「一孩子屍，被其咀嚼，只存半體，血已全枯」)等，均明確記載殭屍吸人血，足證中外活屍，皆有咬人吸血的行為。

〈殭屍吸人血〉中劉秀才為殭屍殺害，屍身血液乾沽，首級不翼而飛。後來眾人在廢冢棺中，發現一白毛遍體的殭屍，手中捧著劉秀才的頭顱，頭顱已「無血矣，蓋盡為殭屍所吸也」。

〈犼〉一文記載，有殭屍啓棺捕食，有人發現了，以瓦石塡滿棺木。殭屍後來抱著一死屍歸來，「回巢」時不得而入，結果「三躍三跳，化作獸形而去」，更遺下一孩子屍首，半身已被嚼食，血已枯乾。

屍戲迫人

《殭屍》致敬抑或維穩？

2013 年由麥浚龍自編自導的《殭屍》，是一部自 1990 年代殭屍電影式微後，在 21 世紀成功以此題材開戲並取得成功，短暫令殭屍題材死灰復燃之作。

這齣電影主要參考 1985 年電影《殭屍先生》，參演者亦是當年《殭屍先生》系列的演員錢小豪、陳友和樓南光等人。儘管以《殭屍先生》為藍本，《殭屍》聰明地轉調為典型恐怖片，贏得新世代的讚賞。片中吸納了大量民間及文獻之說，殭屍因何形成、如何治伏等，尚算有根有據，雖然片中以暗場交代語焉不詳居多，但大體而

言，其資料搜集功夫總算不錯。

可是最令筆者遺憾的是結局！簡略而言，一齣標榜以殭屍爲招徠的類型片，結局告訴你什麼也是假的，一切只是一個固執過去光輝的人，不肯面對現實之悲劇，如此編排，未免太爲了符合某些部門的口味、太對不起殭屍迷了吧。「不要執著過去，要向前看」，訊息實在維穩得可以。影評人說這是向港產片黃金年代「致敬」，讓人無語失笑。最後此片未能於某地區上演，只能說賠了夫人又折兵。

一般武器，對殭屍不痕不癢。圖爲《殭屍》劇照。

文獻中的殭屍

究竟殭屍在中國的記述，最早可以追溯至何時？從這些記載裡，又可以發現什麼？

最早的文獻記載

根據學者的翻查，東漢《風俗通義》中的〈鄭奇〉，是最早有記載屍變的文獻。

不過，那則故事有點奇怪，除了屍變主題，更暗含鬼魂的要素：話說鄭奇不知何故要乘車前往西門亭，此亭以鬧鬼知名。在途中，他遇到一美女，女子要求登車同行，鄭奇答允了。

抵達西門亭後，守門人卻要求二人別登亭，但鄭奇仍一意孤行與女子上樓，更在樓上共渡春宵。

翌日鄭奇先行離去，未幾負責守門的亭卒上樓，赫然發現昨夜所見的女子已死。

聽起來像是謀殺案，豈知報官後，更驚人的事實揭露了：原來那「女子」根本早已離世，是一具尚未入殮的屍體，事發之夜，家人發現遺體失蹤，正在四出尋找。官府只得通知家人領回女子遺體。

至於鄭奇，在當天離去不久，便腹部劇痛，離奇死去。

《風俗通義·鄭奇》講述了一個女子遺體與人共渡春宵的詭異故事。

殭屍與鬼魂於同一故事攜手登場，不是沒有，但較爲少見。東漢以後，類似記載卻聊聊無幾。

古典小說中與殭屍有關的資料，唐、宋以前的記述不多，且頗爲零散；直至清代，類似民俗傳聞才有人記錄下來，如清初三大文言小說中，以談鬼說狐著稱的《聊齋誌異》有一篇恐怖味十足的〈屍變〉，《閱微草堂筆記》卷十中則提到屍變的相關理論，而袁枚創作的《子不語》、《續子不語》二書更收錄有三十四篇之多，以江蘇、浙江各八則最多。此當與袁枚是浙江杭州人不無關係；其次，河北三則，江西、山西、北京各兩則；此外，安徽、河北、湖南、湖北、河南、雲南各一則，地域範圍涵蓋極廣。

不過在一個「子不言怪力亂神」的古代中華、在「唯物無靈論」的近代中國，大家都不把民間傳聞當作一回事，皆把記載視爲「筆記小說」，純屬創作。

但藉由這些怪力亂神的記述，我們可得知殭屍在各地的民俗信仰中是頗爲普遍的現象，不受地域上的限制。

《子不語》才子搜奇

提及殭屍最豐富的文獻，莫過於袁枚的《子不語》。重申一次本書的假設：如果作者們是以民間、村落的「眞實事件」加以敍寫，當然不排除有誇大神化之處，但大體來說，這些「故事」的性質，有沒有可能屬於「記錄」，而不是專家口口聲聲的「杜撰」？

袁枚生性喜好旅遊，《小倉山房尺牘》自述：「枚六七年來，遨遊二萬餘里餘，東南山川，殆被麻鞋踏遍」。到了年紀愈大，他的遊歷興致愈濃，《小倉山房詩集》謂：「八十翁爲游蕩子，古來可有此人無」；「一息尚存我，千山不讓人」。袁枚足跡所至，甚有可能把所見聞記述下來。

　　《子不語》說了些什麼？書中側面記載了許多民間對殭屍的理解以及應對方法。例如〈殭屍食人血〉中描述殭屍會吸血：有村民上山砍柴時發現一座廢棄墓中有棺材暴露在外，喚來村民察看，見一遍體長白毛的殭屍，抱著劉秀才的人頭。官員使人用斧砍殭屍的手，鮮血淋漓，但劉秀才的首級的血液已被吸盡。

　　從書中不難發現，世上能剋制殭屍之物倒也不少。例如〈畫工畫殭屍〉告訴你，殭屍怕笤帚掃；〈殭屍求食〉告訴你，殭屍怕赤豆、鐵屑及米子，只要把這東西灑在棺外，殭屍便回不了棺，有家歸不得。

　　〈鞭屍〉一文中，有洪姓老頭會妖法，驅使殭屍襲人，故事主人翁幸得白鬍子土地神賜下「伍子胥昔年抽打楚平王」的鞭子，用鞭子攻擊殭屍後，應聲倒下。但也不是每種殭屍也怕鞭的。如〈綠毛怪〉中的綠毛殭屍，非但不懼鞭打，更把鞭子奪去咬爛。販羊人要爬到樹上才得脫大難。

伍子胥昔年以鞭打楚平王，那鞭子後來成為對付殭屍的法器。

從喪葬習俗看殭屍傳說

　　現代都市設有停屍間，冷氣全開，閑人勿近，所以縱有甚麼靈異故事，多局限於鬼魂作祟，少涉及屍體。但在古時，死者遺體在入殮前，大多存放於家中，或義莊（指暫時存放未葬遺體的特定場所）裡面。這些地方自然沒有什麼「保安」可言，所以屍首也易受外來物侵擾。

遺體忌貓狗走近　恐引詐屍

　　古老相傳，屍體最忌被貓狗走近，理由是動物的「陽氣」會攝入遺體，令屍體暴起(俗稱「炸屍或詐屍」)，緊抱著旁邊的人，至死方休。民間亦相傳閃電也可能引發屍變；另外，日子的吉凶也有避忌，倘若忌日碰上凶日，而死者恰巧早天而逝，也容易屍變。更有指屍體忌受親屬淚水所沾，否則也大事不妙。

義莊提供一處暫時擺放棺木的地方。

　　此所以中國古時民間喪葬文化，有些舉措或儀軌，不知就裡的人會覺得莫名其妙，其實為的正是避免屍變。《世俗迷信與中國社會》（註1）一書記載，在南方，親屬（或處理喪葬的人），會在屍體旁放

置刀、秤等物；在安徽，更會請術士於棺上貼符，並在墓地插上桃木釘。如此種種，皆是為了鎮住屍體，提防屍變。

絆腳絲防屍變

殭屍出沒地帶，以江蘇、浙江為主，此外於河北、江西、山西、北京、安徽、河北、湖南、湖北、河南、雲南也有殭屍蹤跡。夏之乾在《中國少數民族的喪葬》（註2）一書中，談及多個少數民族，包括赫哲族、達斡爾族、壯族、傣族、景頗族內，均有一個喪禮習俗：在停棺待殮期間，忌貓、狗或其他動物接觸屍身，否則會出現「詐屍」。

徐吉軍在《中國喪葬史·人鬼相雜的民間喪儀》提到：「在我國北方的一些地區，習俗在人初終停屍床上時，用繩子把他的兩隻腳繞上，這叫絆腳絲，意思是怕他炸屍（即屍變），……所以用繩絆住他的腳，使他不能站起來走動。到將入殮時，就將繩子解下，據說這時不解下繩子，他下世托生為人時，就不能走路了。」（註3）

海南島白沙縣細水鄉黎族停屍期間要用繩將死者雙足的姆指綁起來。達斡爾族亦會用麻繩綁住死者兩足，稱為「綁足繩」。德昂（原稱崩龍）族則是用紅線分別拴住死者的手指和腳趾，使其靈魂不致回家禍害家人。（註4）

在赫哲族，齊齊哈爾市郊的達斡爾族、廣西武鳴縣雙橋鄉的壯族、雲南德宏傣族、景頗族等，停屍期間須將家中的貓或狗以繩拴住或關起來，以防其從死者身上跳過。赫哲族、達斡爾族、壯族認為貓或狗從屍體上跳過，死者會隨即直立起來。景頗族認為，黑貓或花貓從死者身上跳過最不吉利，死者靈魂會變成惡鬼在村中危害生靈。在台灣某些地方，「民間相信，若讓貓接近，尤其白蹄貓，當躍過屍體，屍體被這一沖剋，據說會立即變成僵屍起來抓人，人若不幸被抓住，

它必永遠不放」。（註5）

　　在杭州某些地區流行小殮後給死者雙腳套米斗的習俗：「孝子等理髮梳頭，每人跪地輪梳，或辮或髻梳好，然後將頭臉亦用絲綿殮好，亦有將臉仍開出者，戴上冠帽，下被上褥，腳登米斗」（註6）。爲什麼要「腳登米斗」？相傳屍體旁若有十二生肖動物走過，會使殭屍挺立；套上米斗便是爲了防止屍體站立。

　　在梅縣，屍體抬上屍床仰臥著，左手放一桃枝，右手放幾根茅草，胸前放著城隍廟中買得的路票，另外在身上覆上一條白布做成的蓋被，再掛上帳子。帳子掛法是帳子後幅掛在壁上，前幅則用竹竿撐起，帳門垂下，拉起前幅，掩住死屍，帳門用一塊土坯壓住。床下放一把斧頭，死屍腳後放一張倒伏的椅子，椅子的腳，套住死人的腳。這是防止「屍變」的預先措施。抬屍也有禁忌，絕不能將屍體接觸地面或碰到牆壁，否則據說以後死者會做厲鬼，所以抬屍時誠惶誠恐，絕對要謹慎小心。（註7）

大殮不准哭

　　許多地方的民俗規定，在大殮時，從抱遺體入殮到瞻仰儀容，孝子及眷屬們無論多麼悲痛都不准哭，更不許把眼淚掉在屍體上。民俗認爲哭的時候如果眼淚掉到了死者的身體上，屍體就會變成殭屍沒有辦法腐爛。據說古代雲南廣西交界地帶有一些「趕屍」者，能夠使用一種神秘的力量把屍體從很遠的地方運回來，有時運屍體的時間很長，屍體也不會腐爛。但是唯一禁忌就是親人的哭聲。倘若親人放聲痛哭屍體立刻就會化成一灘臭水。（註8）

凶死者不得葬祖墳

許多少數民族，規定「凶死者」不得葬在祖墳。比如，雲南西盟佤族規矩是，「凶死者（如生育而死或砍殺而死者）不能與正常死者埋在一起，也不能埋在寨內，怕對寨人不利。」(註9)

貴州從江縣剛邊寨壯族行土葬，但一些例外情況，包括刀砍、槍殺、溺水、上吊、服毒、火燒、難產、暴病、麻瘋病死者等須行火葬。內蒙古自治區阿榮旗查巴奇鄉鄂溫克族，凡雷擊、槍殺而死者都不得葬入「毛哄」（家族）墓地，否則會繼續出現這樣的死者；難產死的婦女也不得葬入「毛哄」墓地，因為一切鬼怪都是由這類死者變成。類似現象在布朗族、普米族、納西族、達斡爾族中都有。而要處理這種「凶死者」，只能葬於「鬼山」（專門埋葬凶死者的墓地）或於死亡地點就地掩埋。凡此種種規定，都是為免凶死者危及正常死者和活人。為什麼呢？因為少數民族相信，非正常死亡者有妖魔纏身，他們的品行和靈魂都具有邪惡的性質。

以下一些「防屍變」的喪葬習俗，神奇地東、西方都有類同之處（可參看本書第一章）。這些東西方高度相似的觀念，是巧合，還是事必有因？

屈肢葬

在死者身故後以藤條或繩索之類加以捆綁，作用有兩種解釋：一、象徵胎兒狀；二、防止死者鬼魂作祟。

俯身葬

出現在華夏及少數民族的時間很早，分佈甚廣。西安半坡、臨潼姜寨、寶雞北首嶺、仰韶文化墓葬、龍山文化墓葬、馬家窰文化墓

地、河姆渡遺址墓地、二里頭遺址墓地、大漢口文化遺址墓地、商周
的一些墓地，都發現俯身葬。當然，這些俯身葬的含意不盡相同，有
些考古學家認為「可能與非正常死亡有關」（註10）。所謂非正常死亡，
包括摔死、難產、械鬥死、暴病死等，這些死者的屍首會俯伏裝進棺
材，目的是不讓他們在另一個世界危害祖先。

口含銀

中國相當多的民族地區保存著「口含銀」的傳統。雲南普米族在
病人將要斷氣時，親人要往他口中放少許銀子，幾片茶葉，如果死
者是男性，還要往口中放九粒米，若是女性，則放七粒米，稱為「含
口」。（註11）隴川縣景普族死者入殮前，要在口中放一些糯米和碎銀
子。（註12）

為什麼要口含銀子？保山縣德昂族病人斷氣時，要放一枚銀幣在他
口中，以供其靈魂去陰間途中過「仙河」擺渡用。廣西大瑤山花蘭瑤人死
時須以一塊銀幣砍成兩半，一半放入死者口中，另一半由家人保存如果
死者口不含銀，那會有什麼問題？有些少數民族相信，如口不含銀，死
者到在陰間窮困潦倒，靈魂會回家鬧事，弄得家宅不安。（註13）

再參考廣東省東興縣京族人多信奉道教。在死者去世後，經洗
屍、穿戴入棺後，由京族道教師傅作法，將棺材按頭東腳西方向橫置
於廳堂內，並向死者口中放一枚銀幣或銅幣及少許米粒，始由道師封
棺。（註14）

這些儀軌之存在，雖不能證明其有效，亦不能證明殭屍的確存
在，但至少，屍變在世人觀念裡，是不可不防的現象，而非故事小說
中的胡言亂語。

少數民族均忌貓狗接觸屍身，恐防出現詐屍。

註1：《世俗迷信與中國社會》，郭春梅、張慶捷著，宗敎文化出版社，2001。

註2：《中國少數民族的喪葬》，夏之乾著，中國華僑出版社，1991。

註3：《中國喪葬史·人鬼相雜的民間喪儀》，徐吉軍著，江西高校出版社，1998。

註4：《崩龍族社會歷史調查》，雲南人民出版社，1981年。

註5：林明峪：《台灣民間禁忌》，台灣亞聯出版社，1981年。

註6：《杭俗遺風·喪事類》，范祖述著，上海文藝出版社，1989。

註7：「客家網」：https://www.hakka.com/article-6087-1.html

註8：王治軍，<斂殯禁忌與生命關懷>

註9：《佤族社會歷史調查》(一)，雲南人民出版社，1983年。

註10：《新中國的考古發現和研究》，文物出版社，1984年。

註11：王樹五：《普米族的文化習俗》，《研究集刊》1983年1期。

註12：李景煜：《隴川縣邦瓦寨景頗族的婚娶和喪葬》，《研究集刊》1983年1期。

註13：見《廣西大瑤山瑤族社會歷史情況調查》(生活習俗文化宗敎部分)

註14：《京族社會歷史情況》。

道高一尺　治殭屍之法門

　　正所謂「怯，就輸一世」，遇見殭屍，切勿未打先降，事實上，古老相傳，對付殭屍的法寶層出不窮，只消學懂一二，便能與之周旋，再不濟也可自保。

火燒

　　眾多殭屍作祟的故事裡，殭屍的結局每多被燒死。燒得乾乾淨淨，形體毀滅了，自然無法危害人群。以焚屍作結的故事有：《子不語》的〈飛殭〉、〈綠毛怪〉、〈兩殭屍野合〉、〈殭屍貪財受累〉、〈旱魃〉、〈殭屍抱書馱〉與《續子不語》的〈殭屍貪財〉、〈殭屍〉等。

怕鞭

　　《子不語》眾多故事裡，記述不少對付殭屍之法，值得後世參考。
　　〈鞭屍〉中有一洪姓老者，擅用妖法役使鬼魅，驅死屍襲人。後得土地神贈以伍子胥鞭楚平王屍之鞭，當殭屍躍起撲人時，以鞭鞭之，殭屍就「應鞭而倒。」

畏《易經》

　　〈殭屍〉一文記館師章生在殭屍外出時將棺蓋蓋上後，取《易經》拆開，密鋪在棺上。五更時分殭屍回來欲入棺時，發現棺上鋪滿《易經》而卻步不前，「繞棺一周，旁惶四顧。」跟吸血鬼怕《聖經》如出一轍。

赤豆、鐵屑、米子

　　〈殭屍求食〉中藉殭屍之口，道出更夫任三與朋友聊及遇殭屍事，有點者曰：「吾聞鬼畏赤豆、鐵屑及米子。備此三物升許，伺其破棺

出，潛取以繞棺之四周，彼不能入矣。」另外，民間相傳認為米篩可以降屍。

畏火器、鳥槍

　　〈飛殭〉一文中已有記述，其云：「凡殭屍久則能飛，不復藏棺中。遍身毛皆長尺餘，毿毿披垂，出入有光。又久則成飛天夜叉，非雷擊不死，惟鳥槍可斃之。另外，《閱微草堂筆記》中提到：「凡妖物皆畏火器，……鬼亦畏火器。余在烏魯木齊，曾以銃擊厲鬼，不能復聚成形。蓋妖鬼亦皆陰類也。」

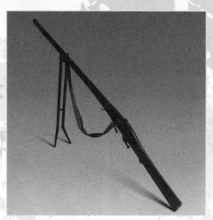

殭屍屬陰類，火器可對付之。

棗核七個

　　〈殭屍挾人棗核可治〉有言：「尤明府佩蓮未達時，曾客河南。言其地棺多野厝，常有殭屍挾人之患。土人有法治，亦不之異。」又說：「凡有被屍挾者，把握至緊，雖兩手斷裂，爪甲入人膚，終不可脫。用棗核七個，釘入屍脊背穴上，手隨鬆出，屢試輒效。」

簡單來說，如果被殭屍抓個正著，你是很難讓牠鬆手的。對治的方法是：用七枚棗核釘在殭屍脊骨的穴道上，便自然會鬆手。

為什麼呢？原來「棗」與仙家頗有關連，典籍中每多見之。「棗」為養身成仙之物的觀念相當普遍。因此，棗核迭經轉化而成為剋制殭屍的法寶。

怕回棺之路受阻

棺木為殭屍的安身之所，殭屍外出「活動」後，須趕在天明前回棺。〈兩殭屍野合〉中記壯士某獨居於古寺，無意間發現殭屍出入於松林最密處的古墓之中，壯士某「素聞殭屍失棺上蓋，便不能作祟」。次夜，待殭屍外出後便「竊其棺蓋藏之」。殭屍果然於夜闌時匆匆返回，在看不到棺蓋時，「窘甚，遍覓良久」後踉蹌奔去，而後是「雞忽鳴，屍倒於路側」。

設法阻止殭屍回棺，一待天亮殭屍自然倒下。

不能逾牆、爬樹、登梯及涉水

殭屍因為身體僵硬，手足關節自然較不靈活，其行動無疑會受到影響，所以不能逾牆、爬樹，也不能登梯、涉水。但如前文提到，殭屍並不一定以跳躍來前進，根據清代記載，殭屍奔跑追逐活人的畫面經常出現。

《子不語·南昌士人》記述：「少愈駭，起而奔。屍隨之奔。少者愈奔急，屍奔亦急。追逐數里，少者逾牆仆地。屍不能逾牆，而垂首牆外，口中涎沫，與少者面之相滴潧潧也。」說明殭屍不懂攀牆（雙腳僵硬怎麼攀呀？），事件中主角得以翻牆活命。

〈綠毛怪〉一文說：「販羊者大懼，奔出廟外，怪追之。販羊人緣古樹而上，伏其梢之最高者。怪張眼望之，不能上。」說明殭屍不懂爬樹。

〈狃〉一文則說：「見樓上有人，遂來尋求，苦腿硬如枯木，不能登梯，怒而去梯。某懼不得下，乃攀樹枝，夤緣而墜。殭屍知而逐之。某窘急，幸平生善泅，心揣屍不能入水，遂渡水而立。屍果躑躅良久，作怪聲哀號，三躍三跳，化作獸形而去。」說明殭屍不懂登梯及遊泳。

上述以外，歷代殭屍故事中還有更多其他的法器，如：墨繩墨斗，雞頭狗血、錢幣、量具、桃木劍(桃木釘、桃符)，則與先民原始生活與道教法術的盛行有關。(註1)

簡單來說，如遇殭屍而手頭沒有任何武器，盡快「向上攀」吧！要麼跳下水，一樣可保安。概括而言，常用的對付殭屍物品計有：

1:火燒
2:怕雞鳴、天明
3:懼火、天雷

4:畏米篩、苕帚、棗核

5:怕鞭

6:怕易經

7:懼赤豆、鐵屑及米

8:火器、鳥槍可殺殭屍

9:墨繩墨斗

10:桃木劍

11:雞頭狗血

不論中、西殭屍，火均能有效阻隔及消滅它們的王牌。

註1：黃鈺婷，〈初探中國的殭屍文化—以《聊齋誌異》與《子不語》之屍變故事為例〉

湘西趕屍與送屍術

　　在古代，甚或尚未踏入新中國的近代，如果在湘西的山村小店投宿，入夜後千萬別四出亂跑，否則當心碰上行走的屍體。

　　天未破曉，遠來一個罩著寬大黑布的「人」，搖搖晃晃走到店前。後頭跟著手執銅鑼者，這人便是「趕屍匠」。而前頭那位，其實是一具已死的屍體。

少數民族專家之研究

　　中國傳說的殭屍，乃屬自然界產物，亦即死者受陰氣等影響而異變由「不動的屍體」轉變爲「活動的屍體」，並非出自人爲；但「湘西趕屍」傳聞裡，那些會行會跳的死屍，卻因有人施法，才會行動。

　　《清稗類鈔》對黔湘間流傳的送屍術有詳細記載。趕屍，是儺巫擅使之巫術，功能是使客死異鄉的屍體站立、走路(或跳)、住店，從百里外回到故鄉，主要流行於湖南西部，即湘西、懷化、黔東南一帶，尤其是湘西。據說在明、清兩代（ 一說明朝之前已有此風俗 ），直至近代均有趕屍傳說。中國人向來「子不語怪力亂神」，因此這方面的記載寥寥無幾，少數民族專家陸群在《清稗類鈔‧方伎類》中發現「送屍術」一說：「黔、湘西有『送屍術』，則以死屍而由人作法，進止聽命，可歷數月。」這應是較早期的文獻記載。

　　儺文化著作《儺史》說：「儺巫可行巫術將屍體一路驅趕回家安葬，其屍不腐不臭，能僵直跳躍前進，唯不知轉彎過溝。遇轉彎過溝處，儺巫必焚紙作法，敎殭屍轉彎或逾越。」爲什麼好端端不靠車載，不用船運，而要採如此詭異之術？有人說，由於湘西山高水險，叢林幽谷，道路不平，在古代根本難以車運；至於水路，則因船家怕不吉利，恐載屍會翻船。

聞名天下的湘西趕屍。

湘西趕屍與送屍術

　　要施展送屍術,必須有幾種法寶:一為辰砂(朱砂)、二為「辰州符」、三為陰鑼(不止幾項,僅列出較重要而聞名的)。施術者以辰砂點於死者腦門、背膛、心窩、左右手心、左右腳板心,用神符壓著,鎮住七魄,再以辰砂神符封耳、鼻、口,鎮住三魂,然後以符貼面,頭戴棕葉斗笠,一唸咒,屍體便應聲而起,循陰鑼聲指引行走。

　　趕屍匠一面敲打著小陰鑼,領著屍體前行。雖在晚上,趕屍匠點燈,只邊走邊搖一個攝魂鈴。在黔、湘西一帶,村民皆知一聽鈴聲,夜行人必須避開,並要把家裡的狗關起來。如果趕屍多於一具,趕屍匠會以草繩把

以符鎮屍,趕屍的必備道具。

屍體串起來，每具相隔七、八尺，頭上戴上高筒毯帽，額上貼上黃紙符遮住臉龐。

　　相傳，趕屍之術，乃演變自一種名為「五里霧」的法術，由於大法失傳，後人才改用神符朱砂。

　　據瀘溪縣一帶民間相傳：上古之時，蚩尤與黃帝大戰，殺個天昏地暗血流成河，蚩尤族人死傷慘烈。當大軍打算撤退，蚩尤心想，不能任由子弟兵棄屍荒野，總得設法全屍還鄉，但剩下的士兵已揹著傷者，一時束手無策。這時候，屬下阿普軍司獻計，由他執掌「符節」，裝成蚩尤本身，再施法命令已死的士卒返鄉。

　　這故事令湘西一帶流行的「趕屍術」添上一份神話色彩，側面暗示此術之源遠流長。

趕屍術的淵源，可追溯至神話年代的蚩尤與黃帝之戰。

湘西趕屍是江湖騙術？

湘西、湖南一帶，相傳趕屍匠擇徒甚嚴。學徒需年滿十六，身裁須高，長相要醜，膽量過人。當地民間均知有這麼一回事，時至今日，幹這一行的固然鳳毛麟角，但是否已全然絕跡？還是仍有流傳？

湘西附魅文化

懷疑論者認為，世上怎麼會有趕屍？根本一點也不科學，要不是先民迷信幻想，便是有人弄虛作假。筆者覺得，趕屍一說既有文獻記載，復有目擊證人，這「風俗」的存在理應千真萬確，但到底是騙人江湖技倆，抑或是科學未能解釋的靈異現象，就值得探究。

據近人考證，新中國成立初期，湖南西部仍有人從事「趕屍匠」，因事不周密被人揭發，所謂趕屍，原來只是由江湖術士揹著屍體，連人帶屍罩在大黑袍裡，由於他們只在夜間趕路，天黑路暗，外人遠遠望見（其實大家也不敢多看），便以為屍體走路了。持此理論的學者又稱，趕屍活動之所以只流行於湘西，皆因湘西文化根本是一種「附魅文化」，苗人大多極為迷信，對任何鬼神之說，均抱寧可信其有的心態，從不懷疑，才令江湖術士有機可乘。

若然此說為真，是否很煞風景？倒不必立即下定論。一來，鑑於新中國崇尚「唯物」，就算世上真有秘術，以數十年前的政治風氣，術者寧可招認行騙，勝過被打作牛鬼蛇神，這也不無可能；二來，就算曾經有人裝神弄鬼，並不代表自古流傳的「送屍術」都是假貨，因為邏輯上還有一個可能：此術曾經存在，但失傳了。佐證是：為何老遠的海地、印尼、古時的巴比倫，一樣言之鑿鑿流傳有操控屍體的方法？

檔案室：印尼趕屍術

趕屍，並非湘西所獨有。在印尼托拉雅地區，如印尼南蘇拉威西省（South Sulawesi）托拉雅地區（Toraja），相傳有一種特殊的趕屍儀式。

據說數百年前，塔納托拉雅（TanaToraja）地區發生內戰，西托拉雅敗給東托拉雅。軍人戰死後，雙方均以特殊的方式，讓死者自己「走」回墓地。

當地民眾史拉薩（Selasa）聲稱在三歲時目睹過趕屍過程，其時村裡一名叫旁巴拉克（Pongbarrak）的男子，他母親過世後，先放在一房間內，並不入棺，經特殊儀式後，該名老婦的屍首在死後第三天，自己站起來走出房間。

究竟印尼這種趕屍術是真是假？時至今日，印尼仍流傳一種名叫「Ma'nene」的習俗，在此「節日」期間，家庭成員會把死者屍體從墓中挖掘出來、清理並在陽光下曬乾，然後換上新衣服。完事後，一家人會分享了一大早準備好的傳統 Torajan 食物，這頓飯代表儀式的結束。這是一種紀念已故親屬的方式。

根據信仰，執行儀式可使來年更好的收成。人們相信在舉行死亡儀式之前，死者靈魂會在人間徘徊。之後，靈魂將開始前往神靈之地——普雅的旅程。

根據當地傳說，「Ma'nene」儀式始於一個名叫魯馬塞克（Pong Rumasek）的獵人的故事。數百年前，魯馬塞克在 Torajan 叢林中發現了一具未得安葬的屍體，因為憐憫那人的不幸，魯馬塞克照顧好屍體，並為它穿上衣服。據說自此之後，他運氣特別好，五穀豐收。不過，當地也有人認為這起源故事是杜撰的。至於「Ma'nene」儀式與傳說中的趕屍術是否有關連，就不得而知了。

印尼托拉雅地區一直流傳趕屍的風俗。

CHAPTER
3

喪屍
活死人之謎

怪奇傳說1：海地喪屍

「喪屍」大致可分兩類，一種是銀幕上那種，人類受病毒侵襲，變成失去理性的行屍，四處襲擊活人，而被它所咬者又會變成另一隻喪屍。另一種是某人本應已死，經歷喪禮埋葬，但若干年後被人發現他仍在人間活動，但已失去神志，猶如奴隸般在替人工作……你或許不相信，後者不僅真有其事，還有專家深入探索，把研究結果發表在學術刊物中！

上世紀80年代經典個案

上世紀 80 年代，出現一宗經典的「喪屍」個案。1980 年，海地鄉間出現一名男子，他自稱叫Clairvius Narcisse，18 年前被判定死亡，但其後被人弄成「喪屍」，失去自我意識，做了十多年奴隸，其後才得以幸運逃脫。

事情是怎樣發生的呢？那男子於 1962 年因嚴重呼吸系統問題進入當地的 Albert Schweitzer 醫院。他患有消化系統疾病、尿毒症、肺水腫、體溫過低、呼吸困難、體重迅速下降和低血壓；還出現皮膚發青（紫紺）和刺痛感（感覺異常）的症狀。陷入昏迷後，他被兩名醫生（一名美國人）於 1962 年 5 月 2 日宣佈死亡，並於同年下葬。

18年後，一名男子在村莊的集市上走到安吉麗娜‧納西斯面前，他自稱是安吉麗娜的哥哥 Clairvius Narcisse，並能說出自己童年時的暱稱。他聲稱當年因財產糾紛，遭兄長串同巫師所害：先是病倒入院，繼而被醫生宣稱死亡。被判定死亡那刻，他仍有意識，還聽到妹妹的哭泣聲，可惜動彈不得，只得給人活活埋葬。他不記得在墳墓裡呆了多久，估計約莫三天，之後他聽到鼓聲和波哥（Bokor，意為巫師）的歌聲，

聽到有人呼喊其名字。換句話說，有巫師施法讓他「復活」！當他從墳墓裡出來時，他被抓住、毆打、蒙上眼睛並帶走。

其後他被帶到一個遙遠的甘蔗種植園，迷迷糊糊與其餘百名「喪屍」一起做苦工！至於他如何恢復清醒，有兩種說法：一是主人去世後讓他自由；二是有一天管工忘了施藥，他才恢復神志逃離現場。直至得知兄長離世，他才敢回鄉。家人和 200 多名村民認得他便是 Clairvius Narcisse，認爲他已經死而復生了。

海地精神病中心的專家對 Narcisse 進行詳細檢查，最後報告：「他確實是被施行過還魂術。」這事件，記載於 1982 年美國《國民詢問報》（National Enquirer）。哥倫比亞-加拿大人類學家維德‧戴維斯博士（Wade Davis）研究活屍現象多年，他發現巫師須借助一種「還魂藥粉」，此種藥粉成份複雜，包括藤類植物、毒蜘蛛、雨蛙、蟾蜍等，其中最主要是四種河豚毒素，可使人神經系統功能紊亂。中毒者會出現假死狀態，巫師便利用解藥弄醒「死者」，再以麻醉劑（曼陀羅花）來予以操控。

被施行還魂術成爲活死人的Clairvius Narcisse。

上述個案並非孤例。以下三宗「喪屍」故事，同樣有證據可供稽考。

喝醋丈夫疑把妻子變喪屍

弗蘭西娜‧伊勒烏斯（Francina Illeus），是一名 30 歲的婦女，她患有消化問題，因短暫的發熱病在家中去世。她被地方法官認定為死亡，第二天埋葬在家族墓中。去世三年後，有一個朋友見到弗蘭西娜在某條村子附近遊蕩！她的母親憑她太陽穴上的傷疤確認其身份，另外七歲的女兒、兄弟姐妹、其他村民、當地神父都認出了她，確認為弗蘭西娜本人。

被發現時，她很瘦，低著頭慢慢行走，極其緩慢和僵硬，似乎對周圍的世界渾然不覺，沉默寡言如同啞巴，只偶爾會咕噥幾句聽不懂的話來回答問題，又需要別人幫忙吃飯。

當地法院批准打開其墳墓，發現裡面滿是石頭。父母指控是弗蘭西娜丈夫所為，原來弗蘭西娜有了外遇，丈夫非常嫉妒，有動機把妻子變成喪屍，作為婚外情的報復。

事已至此，她的父母猶豫不決應否帶弗蘭西娜回家，終決定她送進太子港的精神病院。經診斷後，醫生指她的腦電圖在正常範圍內，推斷是緊張性精神分裂症，這是一種罕見的疾病（但又稱在該地區並不少見），患者會表現得好像在昏迷中行走。

叔叔害侄兒變喪屍？

一名叫威爾弗雷德‧多里森特（Wilfred Doricent）的年輕人，是杜瓦利埃政權下一名前秘密警察的長子。26 歲那年，他突然急性發熱，眼睛發黃、死氣沉沉、身體腫脹，他的父親懷疑是巫術，請求兄長（即威爾弗雷德的叔叔）向一個巫師徵詢意見。

三天後，威爾弗雷德終挨不住病逝，被安葬在房子附近的家族墓中。按照習俗，通常在第一晚守墓，但在此案例中，那一晚奇怪地墳墓沒人看守。

19 個月後，當地舉辦一個鬥雞活動，那父親竟看到兒子復生！其他親戚和村民也認出了他。威爾弗雷德的父母指責是叔叔把他變成了喪屍，理由是嫉妒。因為威爾弗雷德的父親識字，把所有家族土地都登記在自己名下。於是威爾弗雷德的叔叔被逮捕，罪名是把他人「喪屍化」，判處無期徒刑。

威爾弗雷德無法描述自己被「喪屍化」的經過，也無法回憶起葬禮後19 個月發生了什麼。他的手腕受傷，疑被人用鐵鍊鎖住。他的胸部中央還有一個直徑 5 毫米的小洞。他走路很慢，洗澡時需要他人幫助。

經醫生檢查，發現威爾弗雷德一天中大部分時間都以特有的姿勢度過；當他確實走路時，姿勢和步態似乎正常而穩定，但緩慢。他的神經系統在正常範圍內。他沒有思維障礙、幻覺或緊張症。推定診斷為器質性腦損傷和癲癇症。服用藥物（苯妥英 100 毫克）後，可將他的癲癇發作減少到每月一次。不過，家人們還是覺得有必要為威爾弗雷德戴上腳鐐，以防止他在喪屍狀態下傷害自己。

1991 年，威爾弗雷德的叔叔在政治動盪期間越獄。後來傳媒追蹤和採訪他，他聲稱供詞是在酷刑下作出的，堅稱自己無辜。至於擁有陵墓土地業權的親戚，則拒絕在威爾弗雷德回家後打開和檢查墳墓。真相難以調查，事件最後不了了之。

喪屍生下一個女兒？

第三宗個案的主角是MM，31歲，女性，是一個友善但安靜害羞的女孩，並不很聰明。

18 歲那年，她有一天忽然腹瀉和發燒，身體腫脹（和上一則個案相似），並在幾天後死亡，以傳統的方式埋葬。家人一直懷疑她中了巫術而病逝。

死後 13 年，MM 再次出現鄰近鎮上的市場裡！一個自稱是 MM 兄長的新教牧師認出了她，把她接回並帶往治療。她的言語能力有限，但可以說一點短句，智商不高。除了胸口有一個小圓形疤痕外，沒有明顯的傷痕，直徑約 10 毫米（這亦與威爾弗雷德相當）。有別於其他個案，MM可說出一些過往事跡⋯⋯

她說自己在北面 100 英里的一個村莊裡生活，並與另一名「喪屍」生下一個女兒！在博科（巫師）死後，博科的兒子釋放了她，她便步行離開。

MM 的家人認爲是鄰居的報復巫術把她變成喪屍。回家後，她彷彿變成另一個人般，一改以前文靜的性格，經常不恰當地大笑和咯咯地笑，並隨意提出許多問題。

後來，當研究人員帶著她回到鎮上市場時，情節變得更加複雜。在那裡，街坊認爲她只是一個普通的本地女人，她是在九個月前的四旬節，被一名音樂家勾引才移居到當地。研究人員聯繫了她女兒，女人認出了女兒，但仍然堅稱丈夫是喪屍。研究人員推斷這女人患有學習障礙，可能是由胎兒酒精綜合症引起的。她只是離家出走（或被綁架），然後另一個家庭將她誤認爲已故的 MM。

1990 年代，Chavannes Douyon 博士和 Roland Littlewood 教授決定調查海地喪屍——復活但沒有頭腦的人類——是否眞的有可能發生。1997 年，二人發表研究論文於《柳葉刀》，分析了上述來自海地的三宗案例。

Douyon 博士和 Littlewood 教授指出，「喪屍」並不是邪惡咒語的

受害者。相反，醫學可以解釋喪屍化。以上述個案為例，研究人員診斷出第一位患者患有緊張性精神分裂症，第二位患者患有癲癇和腦損傷（可能是缺氧所致），第三位患者患有潛在的胎兒酒精綜合症。

　　在威爾弗雷德和 MM 的個案中，失去親人的家屬，錯誤地將具有喪屍特徵的流浪精神病患者誤認已故的家人。兩位學者認為，這些喪屍化病例與控制精神的神經毒素關係不大，而更多地與未經治療或未確診的精神疾病和腦部疾病有關。

怪奇傳說2：納粹喪屍

喪屍之說，對許多人來說已是荒誕不經；若說二戰時納粹黨秘密製作喪屍，那就更天荒夜譚了。

野史總比教科書上的枯燥史料更引人入勝：

1945 年 4 月 28 日，在德國圖林根州一個名為 Bernterode 的軍火工廠倉庫，美軍發現了 40,000 噸彈藥。在礦井內，調查的美國軍官注意到一堵看起來像磚牆的東西，上面塗有與礦井環境相配的顏料。牆原來有五英尺厚，磚之間的砂漿還沒有完全硬化。軍官們用鎬和錘子破門而入，發現了幾個刻著納粹標誌的金庫，其中包括一個掛著納粹橫幅和掛滿制服的長廊，以及數百件被盜藝術品：手包括掛毯、書籍、繪畫、裝飾藝術，大部分從附近的霍亨索倫博物館掠奪而來。

在一個單獨的房間裡，他們看到一個驚人的景象：四副巨大棺材，裡面裝著 18 世紀的骷髏骨。 普魯士國王腓特烈大帝、陸軍元帥馮興登堡和他的妻子。第四副棺材是空的，上面有個銘牌，刻著阿道夫‧希特勒，意味著這將是希特拉的未來葬身處。這是一項名為「搶奪屍體」的軍事行動，目的是把重要人物的遺體送回預定的安息地。

外界不清楚德軍收藏這些屍體有何用途，陰謀論者則提出駭人聽聞的說法：這些屍體受到隱密保存，為的是未來某個時刻，納粹高層相信，雅利安人將會重新出現，再次崛起和征服世界。

希特勒的黨衛隊（Schutzstaffel，簡稱SS）渴求超級士兵，一直試圖製造和建立一支「超級人類軍隊」，相信大部分研究納粹歷史的人都會認同此點。然而，陰謀論指出事情不僅如此，納粹科學家甚至褻瀆屍體，進行多次可怕實驗。可惜事與願違，實驗失敗了，喪屍失控襲擊，殺死了研究所裡每一個人⋯⋯（註1）

經典電影《Nazi Zombie》劇照

　　類似的故事脈絡，也許你也從電影和小說中看過：納粹為軍事目的利用科技（或巫毒）製造喪屍，夢想創建一支嗜血的超級喪屍軍團，藉以橫掃歐洲。但他們很快發現，喪屍並不如理想中順從，這些行屍更像吃腦、撕肉的怪物，它們不受黨衛軍命令，只能靠著頸靜脈來制伏，而且不一定奏效，當壓制失敗，就會慘重傷亡。此所以德軍於二戰始終未能反敗為勝。

　　聽起來天荒夜譚的怪論，如果參照祖先遺產學會（Ahnenerbe）的所作所為，「納粹喪屍」的陰謀論卻變得疑幻疑真，起碼可以自圓其說。祖先遺產學會是納粹德國 1935 年至 1945 年的國家智庫，亦是黨衛軍的附屬組織。它可說是一個超自然研究小組，由黨衛軍頭目海因里希·希姆萊於 1935 年 7 月 1 日下令成立，並在二戰期間根據希特勒的直接命令得到擴展。希特勒與許多納粹高層人士（尤其是希姆萊）對神秘學抱有近乎執迷的興趣，是有據可查的。

　　祖先遺產學會的主任是沃爾夫勒姆・西弗斯（Wolfram Sievers）。他們會尋找超自然寶藏、神秘宗教遺跡、失落傳說國度。他們組織納粹遠征隊，去西藏尋找原始的雅利安種族蹤跡、去埃塞俄比亞尋找約櫃、到維也納麗城宮神聖羅馬帝國皇帝的寶庫中偷走命運之矛、花費多年時間尋找聖杯等等。而希姆萊領導的黨衛軍，表面上是希特勒的保鏢，實際上是納粹德軍的特種部隊，是根據神秘信仰構思和建立的。SS的入會儀式也以亞瑟王傳說爲藍本，運用到符文（runes）的魔力。

　　1943 年，從紐倫堡審判中，世人得知納粹對集中營囚犯進行非常可怕的醫學測試，其中一些計劃，與「復活死者」的概念有共通之處。

電影《Dead Snow》劇照

　　大體而言，納粹科學家進行了三類不道德醫學實驗，其中大部分在西弗斯和祖先遺產學會的監督下進行。當中涉及用囚犯來作非人道實驗。

　　第一類是生存測試，目的是確定人類的最低生存門檻。例子之一

是研究空軍機組人員使用安全降落傘高度的實驗。囚犯被放置在低壓室中以模擬稀薄的氣壓，觀察器官何時開始衰竭。另一臭名昭著實驗是研究體溫過低的生理變化，以及如何使一個幾乎凍僵的人復蘇。納粹科學家將體溫計插入囚犯的直腸，然後以各種方式將其冷凍(例如，浸入冰水中或裸體站在雪地中)。當體溫降至 25 攝氏時，人會喪失意識，隨後死亡。然後通過各種稀奇、殘忍的方式，例如浸入接近沸騰的水中，令幾乎凍結的屍體恢復溫度。這些實驗其一目的，是如何使人復甦，甚至起死回生。

第二類測試是藥物和手術，囚犯就如同實驗室老鼠一般。科學家對瘧疾、斑疹傷寒、肝炎和肺結核等傳染病的免疫接種進行測試，給囚犯注射並讓他們接觸疾病，觀察會發生什麼。手術實驗方面，譬如在拉文斯布呂克集中營進行的無麻醉骨移植實驗，便屬於這一類。納粹亦尋求芥子氣等化學武器的解毒劑，過程中當然是不顧受試者 (集中營囚犯) 的福祉。

1944 年 11 月，薩克森豪森集中營裡進行了一項名為 D-IX 的雞尾酒藥物實驗。D-IX 包括可卡因和 pervitine 的興奮劑。Pervitine 其實是甲基苯丙胺 (methamphetamine)，又稱甲基安非他命，是種合成藥物，可刺激中樞神經系統，減少疲勞和食慾，增加清醒和幸福感。18 名囚犯被給予 D-IX 藥丸，被迫背著裝滿 20 公斤材料的背包行軍。服下藥丸後，他們能夠不休息每天行進 90 公里，目標是確定藥丸帶來的耐力極限。

當其他藥物被禁止時，甲基苯丙胺在 1930 年代後期市場面世時，獲吹捧為奇蹟產品，宣傳它使人精力充沛，信心增強。希特勒宣稱，德國不需要弱者，只需要強者！他們認為，弱者吸食鴉片等毒品會逃跑，而強者服用甲基苯丙胺反而更為強壯，變成超級士兵。

　　僅從 1939 年 4 月至 12 月，德國空軍就配給 2900 萬顆 pervitine 藥丸，藥丸代號為「obm」。它成功使德軍延長專注力，減少了對睡眠和食物的需求，耐力也顯著增加。國防生理學研究所所長Otto F.Ranke 博士認為，Pervitin 是「喚醒疲倦的小隊的極好物質」、「使用 Pervitin 可以持續工作 36 到 50 小時而不會感到任何明顯的疲勞。」Ranke 本人亦濫藥，藥物使他連續幾天不睡覺，越來越多軍官也在做同樣事情，藉吃藥來完成工作。

　　由於藥丸試驗成功，納粹計劃向整個軍隊供應藥丸。1939 年 9 月德軍入侵波蘭，該藥物第一次用於真正軍事試驗。10月，德國採用「閃電戰」佔領了其東部鄰國，100,000 名波蘭士兵在襲擊中喪生。閃電戰強調速度和奇襲，讓敵人措手不及。這種戰略的弱點在於士兵，他們是人類不是機器，需要休息和睡眠，這影響了進軍速度。而Pervitin 藥丸正彌補這缺點。可以說，閃電戰是藉由甲基苯丙胺而建功的。

　　但該藥物伴隨不少負面副作用。在法國入侵期間，一名陸軍中校在連續數週每天服用四次 Pervitin 後出現心臟疼痛；坦克第十二師師長因心臟病緊急送往軍醫院，他只是吃了一粒藥一小時就痛；還有幾名警官在服用 Pervitin 後下班時心臟病發作。更重要的是，近年有報導指，有人因服用毒品而作出猶如「喪屍」的襲擊行為。Pervitin 藥丸會否有同樣副作用？

　　在主流歷史學界，目前沒有找到檔案證明德軍設有「納粹喪屍」計劃，但他們曾作大量人體實驗，意圖製作超級士兵，不但測試人體極限，還利用各種極端手法，試圖讓剛死去的囚犯蘇醒過來。而且，祖先遺產學會、希姆萊和希特拉本人亦深信各種超自然學說，那些理論之離奇怪異，絲毫不亞於「讓死者復活」。所以，若說納粹曾嘗試製作「喪屍」一類東西以助打贏戰爭，可說一點也不稀奇。當然，他們事實上

做不做到，又或者，一如科幻片橋段般已經局部成功，差在無法操控
喪屍，箇中真相恐怕永無法浮現。

註1：更多「納粹喪屍」的傳聞細節，可參考關加利所著《深層揭密 神秘學事典》，筆求人
　　　工作室出版。

喪屍——廿一世紀的人類夢魘

感染、變種、瘋狂嘶咬……在大銀幕的光影裡，喪屍入侵城市，人類奮起反抗，這個畫面，隨著電影與電視片集一套接一套，大家似乎已見怪不怪，畢竟特技或 CG 的效果再真實，喪屍終歸是想像出來的產物。但若然有人告訴你，喪屍並不全然是子虛烏有，或者說，萬一人類社會真的誕生喪屍……你，將會如何自處？

2013 年，來自美國蒙大拿州的黑客駭入蒙大拿州電視網，打斷了一個脫口秀節目，廣播「屍體正在從墳墓中升起」、「攻擊活人……不要試圖接近或逮捕這些屍體，因為它們被認為是極其危險的。」蒙大拿州電視網稱，黑客侵入了其附屬公司 KRTV 及其 CW 電台的緊急警報系統。「該消息並非來自我們的電台，似乎是黑客造成的。我們的工程師正在調查警報的來源，以確保類似事件不會再次發生。」（註1）但當時亦短暫引起一些人驚恐。

世上沒有不可能

美國疾病防控中心在 2011 年曾發佈一篇指導大眾如何防範喪屍末日（Zombie Apocalypse）的文章，教民眾做好準備，萬一真的有喪屍襲擊都市，該怎樣應對。此文章的出現，儘管有戲謔之意味，然而美國疾病防控中心揚言該「指南」有助大眾應對如颱風等大型天災，非同兒戲。雖然文章不致於引起民眾恐慌，亦已惹來議論紛紛，陰謀論者更認定，美國疾病防控中心突然發表此文，絕對內有乾坤，不可能是單純的「遊戲文章」，而是「另有文章」。

難道，喪屍當真「活在」世上，甚至隨時出現在你我身邊？

美國疾病防控中心發表的《PREPAREDNESS 101:
Zombie Pandemic》漫畫

　　或許我們應該先搞清楚所指的「喪屍」究竟所謂何物、有何特性。
我們知道，中國自古相傳有「殭屍」、西方也有「吸血鬼」(Vampire) 之
說。儘管不少文學研究者宣稱「它們並不是同一種東西」，但究其本，
都是源自民間的屍變傳說。簡單來說，兩者均屬「人死後，遺體沒有腐
敗不得安息，四出活動甚至襲擊人」。那麼，今天大家在電視或電影裡
見到的「喪屍」(Zombie)，又是不是同一類型？

喪屍的特徵

　　早在 1960 年代，黑白片《活死人之夜》(Night of the Living Dead) 是喪屍開山片，它把喪屍描述為：動作遲緩、智力低下、群起襲擊活人，被咬傷者也會變成喪屍。時至今日，屍影處處，電影和電視各自製訂自己的「喪屍規則」，但可謂萬變不離其中。觀眾所熟悉的喪屍，普遍有以下特性：

1. 死者從墳墓中復活，背後原因不一：太空原因、核輻射、有毒廢物、計算機脈衝、病毒、天罰等；
2. 更常見設定是人類受某種不明的病毒所感染而死亡；
3. 屍體受某種東西（如病毒）操控，成為喪屍；
4. 喪屍沒有「當事人」生前的意識和記憶；
5. 喪屍會受活物所吸引而進行襲擊；
6. 喪屍唯一目的是通過吃活生生的生物來生存；
7. 被喪屍咬傷的人會死去變成喪屍；
8. 它們行動遲緩，頭腦糊塗；
9. 它們不怕受傷，但可以靠毀壞頭部來消滅。

　　可見喪屍與中國殭屍和吸血鬼有異有同，但顯然比較「唯物」，欠缺殭屍和吸血鬼的陰森邪氣。

　　殭屍對人肉有著無法滿足的渴望。他們成群結隊地捕獵──除非被斬首，否則他們勢不可擋。他們可以一口將受害者變成喪屍夥伴。

　　在英語世界，喪屍有許多別名，計有「活死人」(Living dead) 、「不死者」(Undead) 、「行屍」(Walking Dead) 及「食屍鬼」(Ghoul) 等。其

電影《活死人之夜》所描述的喪屍形象，被普遍接納並沿用。

實，在 80、90 年代以前，Zombie 多譯爲「還魂屍」，皆因此屍之主人，其實並未逝世，只是假死！原來喪屍絕非憑空想像出來之物，而是現實世界中有人親眼目擊過，甚至有文獻記載過的「存在」（當然大家仍可質疑其可信度）。

「喪屍」一詞（原本拼寫爲 zombi）最早出現在英語時，大約在 1810 年左右，但當時這「喪屍」並非我們熟悉的咬人怪物，而是西非的神祇。該詞源自西非語言——ndzumbi，意爲「屍體」，而 nzambi 在剛果語中意爲「死者的靈魂」。

「zonbi」一詞的最早記錄之一出現在 1797 年，當時旅行作家莫羅·德·聖梅里（Moreau de Saint-Méry）將其稱爲「回歸的靈魂」。此詞也出現在羅伯特·索西的《巴西曆史》（1819年）中。書中 Zombi 是酋長的名字，在安哥拉語中意爲「神」。然而，當天主教葡萄牙人殖民巴西

和安哥拉時，把 zombi 解釋爲魔鬼的另一詞彙，Zombi 因此由西非的神祇變爲怪物。

而現時橫行影壇的喪屍，和它最初的「形象」已有很大轉變。早在 1937 年的電影《白色殭屍》（White Zombie），當時描述的喪屍，非常類似海地傳說的一種「還魂屍」！

《白色殭屍》於 1932 年首次出現在環球影城，由貝拉·盧戈西（Bela Lugosi）飾演海地的巫毒教士。電影裡爲美國觀衆對喪屍提出很多解釋，把來自海地和加勒比海法屬安的列斯群島的一系列信仰帶入了流行文化。今天的「喪屍」，可說是這種異國喪屍從殖民邊緣向帝國中心轉移的結果。之後，喬治·羅梅羅（George Romero）於 1968 年拍成的電影《活死人之夜》，通常被視爲現代喪屍電影之始。

註1：https://www.theguardian.com/world/2013/feb/12/zombie-apocalypse-newsflash-montana-tv Accessed 21 December 2019

屍戲迫人

The Walking Dead－－苟活與好死

現實世界裡，存在陽光底下人人皆見，代表眞實的「表」；也存在瑟縮陰暗角落，彷彿根本沒這回事的「裡」。表裡，從來不一。喪屍，只活在傳聞之中，屬於「裡」；但在光影世界中，喪屍卻「活出眞我」，成爲虛擬世界的眞實存在。

講到喪屍影片，自 2001 年首播的美劇《The Walking Dead》（港譯《行屍》、台譯《陰屍路》、大陸譯《行屍走肉》）是廣爲人知的一齣。評論者對片集的意義，探討良多，比如分析劇中人性轉折，映射人

類社會進化等。從劇初個人獨自躲避數量龐大的獵食者（喪屍），到倖存者聚集形成群體，由對抗未知生命體到面對身邊人，從爭奪資源到謀取領導權。人活著，就是要不斷作出抉擇，或因私慾而改變，或遇痛苦仍堅持。此劇有野心，無可置疑。

在喪屍橫行的世界，倖存者組成了團體，想辦法在逐漸崩壞社會中掙扎求全。正如很多災難片一樣，影片企圖藉一個艱難的外在環境去考驗人性：在這狀況下，你會怎樣做？另一面在挑戰觀眾：換著你，又如何抉擇？所謂善惡，往往端乎你站在哪個角度看問題。要好死，抑或苟活？

結果仍不得不回答最老套的哲學問題：活下去的意義是什麼？

喪屍明明已逝，卻活蹦亂走彷彿充滿生氣；世人明明活著，卻死氣沉沉比喪屍還喪屍。顛倒世界，虛妄無明，你看看社會上那麼多「喪屍」（或喪屍都不如）就知道了。

行屍本是人，活人卻可比行屍更沒人性。

喪屍的原型——還魂屍

談到還魂屍，不得不提「伏都教」(Haitian Vodou，拉丁文爲 Voodoo)。今天的美國新奧爾良，是伏都教的重鎮，但講到完全濃罩於伏都教氛圍，卻是海地。海地是加勒比海島國，曾是法國殖民地，買賣黑奴的熱點，居民普遍信仰伏都教（又稱巫毒教）或桑特里亞教。而教人驚心動魄便是「還魂屍」(Zombie) 傳聞，就是在伏都教與買賣黑奴的背景結合下衍生出來。

相傳伏都教的祭司能施法製造「還魂屍」。

復活的屍體

什麼是還魂屍呢？它被描述爲「一個死人的身體，被賦予了生命的表象，但沉默而無意志，被一種超自然的力量，通常是爲某個邪惡的

人所賜」。據說巫師波哥（bokors） 與巫毒教祭司「Houngan」和女祭司「Mambo」懂得施法，讓死者復活並失去自主意識，從此對主人唯命是從，成為奴隸一般的喪屍。

最早把還魂屍的傳聞向西方社會傳播的，是旅遊作家威廉‧布勒‧希布魯克（ 1884-1945 ）。四出旅行生涯中，威廉聽聞了加勒比伏都教的故事，好奇心驅使下，他去了海地。1929 年，他出版了一本堪稱談及「還魂屍」的開山之作，名為《魔法島》(The Magic Island)。書中，他首次以一位生殖之神的名號 Zombie (原為尼日——剛果語) 來形容一種「復活的屍體」。

書中《在甘蔗園工作的死人》一章，希布魯克記載在海地的甘蔗園裡，有一群毫無目的、不懂思考的 Zombie，像奴隸一般聽從巫師的指令，會不知疲倦地勞作。他聲稱這是「真實的，沒有虛構」。作者留意到，這些巫師皆屬於一個奇特、險惡而黑暗的組織，他稱之為死人崇拜組織。後來研究者指出，那便是巫毒教。這段獵奇式的文章，深受媒體歡迎，後來美國幾大雜誌和日報，均以大篇幅刊載了這則還魂屍的故事。

由 1930 年代和 1960 年代之間，「喪屍」的形象在美國文學及影集裡不斷發展壯大，變成嗜血噬人的行屍。製作喪屍的再不是巫師，而是瘋狂的科學家、納粹分子，甚至是來自外太空的外星人。在 1950 年代，外星人入侵的喪屍形像被視為冷戰的隱喻。

喪屍歷史與奴隸史

其實，海地的喪屍傳說和殖民奴隸史息息相關。16 世紀的海地，當時稱為聖多明格， 1697 年在里斯維克條約中被授予法國。法國人容許當地起用非洲奴隸在農場工作。

描繪奴隸採集甘蔗的情景（紐約公共圖書館數碼館藏）

　　歐洲奴隸販子強行將非洲大量人口運送到大西洋彼岸，前往西印度群島的甘蔗種植園工作。非洲人本身有自己的宗教，但法國法律要求奴隸皈依天主教。於是，一種精心製作的合成宗教便出現了，它創造性地混合了不同傳統的元素：包括海地的伏都教、牙買加的奧比、古巴的桑特里亞等信仰。

　　在海地，傳說居民會聘請波哥（ Bokor ）去對付仇人。波哥是修習黑魔法和巫術的伏都教巫師，能把人變成喪屍。通過使用 coup po-udre（喪屍魔法粉）及一系列魔法儀式，受害者會死亡並給埋葬，然後

幾天內被挖掘出來。儘管受害者還「活著」，但他們已失去自由意志，之後一直處於波哥的控制之下，直到波哥死去。海地喪屍不會吃腦或襲擊人類。相反，海地喪屍只是不知疲倦地工作。

有些幸運兒獲波哥釋放回家。有時則是巫術失效。據說，如果喪屍吃了鹽，就會立即意識到自身處境，會攻擊甚至殺死奴隸主人。接著他們回到墳墓，在那裡再次變成一具腐爛的屍體。其他獲釋放的條件包括波哥死亡、喪屍星體（靈魂的一個元素）從容器中釋放。然而，即使喪屍回到家中，也不會恢復原來的能力，精神和肉體上會處於緊張狀態。大多數波哥聲稱，實際上不可能將喪屍恢復原狀。

喪屍被迫在田裡勞動，主人無情地鞭打及餵飼少量食物。這種生不如死的概念，對大多數海地人來說是相當可怕的。喪屍起源於西印度群島奴隸社區。喪屍和奴隸的命運是相似的：與家人分離、遠離社會、在被關在棺材（奴隸船）後被迫爲另一個人工作。可以說，海地喪屍傳說，其實反映了聖多明哥奴隸殖民地的日常生活。

南非喪屍

西方喪屍起源於海地，但在南非也有相似的傳說，同樣與奴隸制的恐懼密切相關。南非女巫相當於波哥，相傳她們通過捕捉受害者的影子來製作喪屍（當地詞彙是 ditlotlwane），逐步控制受害者身體不同部位，直到完全受控。女巫隨後割斷喪屍舌頭，使他們無法交流。

學者 Niehaus 於 1990 年代在南非林波波（Limpopo）的 Bushbuckridge 市進行了人類學實地考察。他記錄了 1960 年以前的 27 項針對鄰居的巫術指控。其中五項涉及飼養喪屍來增加產量。自 1960 年以來，指控有所增加，有 197 人被指控使用巫術，39 人涉嫌飼養喪屍。

據報導，69% 受害者是兒童，而大多數被指控的女巫年齡在 50 至 70 歲之間。研究者懷疑這些女巫在沒有家人幫助的情況下設法維持生計，於是擄拐兒童來勞動。這種做法一直延續到現代，到了 1986 年，非洲人國民大會（ANC）的積極分子在農村開展根除巫術的運動，致力消除不道德行為。

巫毒教 量產喪屍的組織

　　前面提及，威廉·布勒·希布魯克用 Zombie 來形容復活的屍體，可謂現今流行的「喪屍」一詞之出處。在巫毒教的神話中，Zombie 是一位生殖之神，掌管四季轉變和生長，也象徵重生和復活。故此，希布魯克以此來描述活死人，是十分吻合的。

從非洲到加勒比海

　　究竟巫毒教（伏都教）是否當真如此邪門？不妨先了解伏都教的底蘊。儘管今天大家都稱 Vodou 為伏都「教」，專家學者卻指出，原始的伏都教頂多算是一種神靈、精神的信仰，稱不上為一門宗教。

伏都教是結合神靈、精神的信仰。

　　伏都教糅合了來自非洲和南美洲的神靈信仰，包括巴西的康得布雷（cadomle）和巫班達（UMBANDA）、古巴的阿拉拉、古巴和波多黎各的信仰同化祭禮舞、加勒比和西非部分地區的魯庫米（Lukumi）和

媽媽瓦塔（Mama Wata），以及薩泰里阿教。其中一種名為 voudoux 或 voudou 的信仰體系，為西非國家貝寧的官方所認可。

伏都起初是非洲民族的部落信仰，之所以傳播到加勒比海地區，源於非洲人淪為奴隸的一段黑暗歷史。當黑奴由非洲被抓到加勒比一帶，伏都信仰也隨之流佈該地。

有一說法指伏都教源自埃維人的信仰。他們是西非民族之一，主要分佈於加納東南部、多哥中南部和貝寧西南部，許多年前，他們居住在老加納（現今的馬里、毛里塔尼亞和加納部份地區），有理論指他們可能在 13 世紀從埃及移民過去，並在伏特河附近定居，相傳「伏都」一詞來自埃維人方言，意思是「精神」。

喪屍的本義

伏都教的神靈稱為洛阿，自互古即已存在，祂能隨意往返精神世界和人類世界。大多時間，洛阿並不會現身，但有時候為了某種目的，也會附身在信徒身上。洛阿之首是達姆巴拉（Damballa），祂是至高無上的權威，既為生殖之神，也屬彩虹之神，祂的化身則是一條大毒蛇。

在原始伏都教的神話裡，Zombie 一詞，並非指懂得行走的屍體，而是這條大毒蛇，其涵意為「能復活重生之永久精靈」。不過，在海地、美國和西印度安那的民間傳說

達姆巴拉是伏都教神靈洛阿之首，是生殖和彩虹之神。

中，不乏行走屍體傳說，正好符合「復活重生」的精神，當地人稱爲「裡喪屍」(Li Zombie)，所以當希布魯克把那些還魂屍命名爲 Zombie，也算是有其所本。

製造喪屍的巫術細節

在海地，關於如何製造喪屍，有兩種理論：一種是通過魔法，波哥可以復活死者，將他們變成喪屍；另一種理論是，波哥毒害了某個人，讓他生病，做成死亡假象。死者被安置在傳統墳墓裡，它由房子旁邊的地上混凝土結構組成。這種墳墓很容易被闖入，屍體就是通過這種方式被波哥移走的。波哥通常秘密行事，嚴格保密食譜和藥水。然而，人們認爲許多波哥只是江湖騙子。有時，家屬會將刀插入死者的心臟，以確保他們眞的死去，更極端的會將死者斬首以防止屍體被喪屍化。

巫毒教概念裡，人體由五個元素組成：corps cadavre（身體）、n'ame（使身體發揮作用的精神）、z'etoile（駐留天空中的命運之星）、gros-bon-anj（一種生存氣息）和 ti-bon-anj（自由意志、道德意識和能量）。gros-bon-anj 在受孕時進入身體，死後在身體內。人們相信 ti-bon-anj 死後會潛入水下，進入精神世界，而 gros-bon-anj 在身體附近停留七天。gros-bon-anj 爲個人提供生命力，在死後返回天空融入神靈，成爲一體。

要製造喪屍，波哥需捕獲 gros-bon-anj 並將其封鎖在一個稱爲「喪屍星界」的容器之中。這意味著喪屍是沒有靈魂的軀體。容器裡，可能還包括頭骨刨花、草藥、香水、酒精、墓地和其他儀式粉末。

人在生時，倘若被取走 gros-bon-anj 便會死亡。波哥也可在人死後不久提取其 gros-bon-anj。在海地，如果在家門附近發現一種十字架形狀的古怪巫術用具，便要十分小心，可能有波哥盯上你了。而爲了

防止 gros-bon-anj 在從墳墓中取出時重新進入身體，巫師會對軀體予以毆打。另外，爲防止 gros-bon-anj 返回源頭（即神明所在），必須在死後七天內進行儀式。另外，波哥會喪屍粉塗抹在死者的皮膚上，使他喪失個人自由意志。

相傳，伏都教其中一位最令人生怖的巫師名叫約翰巴尤（Ol' John Bayou）。他活過100歲（也有稱卒於81歲），是一位能力極大的巫醫。據說他擁有起死回生之能，你可想像一下畫面：一個扶著拐杖的黑人老者，雙眼精光炯炯，在昏暗的墓地把屍體挖出土，割下一部分……施法後，他們屍身研成粉末。只要把這些粉末灑在其他屍體上，伏都之神靈洛阿便會附體，令屍體復活。巴尤飼養了一條蛇，據說那是達姆巴拉的分身，巴尤的力量之源。

似乎約翰巴尤的能力已超出前述的「還魂屍」（令生者失去意識予以操控），還可以真正實現「屍體復活」，非常不得了。

海地喪屍的驚人歷史

儘管伏都教喪屍的喪屍傳說言之鑿鑿，大抵不少人始終視之爲無稽之談。但如果，在當地的重大歷史事件中，均可發現巫師與喪屍的蹤影，你又會否堅持一切都是「幻覺來的，嚇我不倒」呢？

喪屍充當部隊

1791 年 8 月，海地爆發了一次大規模的奴隸起義，專門針對種植園主及居於當地的白人。白人園主及其妻子子女在午夜遭到突然襲擊。奴隸們放火焚燒甘蔗田和房屋，屠殺白種居民。當地的一萬名白人居民和一小股正規部隊根本無法將起義鎮壓下來，幾個星期內，海地北方已經成爲廢墟，大約有兩千名白人被殺（註1）。起義斷斷續續持續到 1803 年。到了 1804 年 1 月 1 日，杜桑·盧維圖爾的屬下讓·雅克·德薩林將軍（Jean-Jacques Dessalines）宣佈成立海地國，並於當年九月封自己爲海地皇帝「雅克一世」，結束法國的殖民統治。

一幕與大家毫不切身的歷史，與喪屍有何關連？史書裡你看不到的片段是：奴隸一方不單靠「人」來打仗，還起用了喪屍來充當部隊！究竟這些喪屍是「失去意識而被操控的人」，還是眞正的死屍復活，那就不

領導海地起義的黑人領袖杜桑·盧維圖爾
(Toussaint L'Ouverture)。

得而知；但起碼當時當地的法國人的確相信這等奇聞逸事，令伏都敎的邪名遠播海外。

離奇的法律

上述一切，或許只是民間奇譚。但離奇的是，海地官方竟曾正式禁止民眾起用喪屍擔當奴隸，甚至訂立法律條款？1835　年《海地刑法典》第 246 條內容如下：

- 通過使用可以或多或少地導致死亡的物質對人的生命的任何嘗試，都被視為中毒，無論這些物質的使用或管理方式如何，也無論後果如何。
- 也被認為是企圖通過使對人使用的物質中毒而致死。
- 如果此人因這種昏睡狀態而被埋葬，則該企圖將被視為謀殺。 (註2)

根據《喪屍現象》(Le Phénomène Zombi) 的作者 Yves Saint-Gérard 博士) 的說法，法律術語提及「活死人」，或者象徵性地表示沒有任何自由意志的人。

《海地的精神與法律：Vodou 與權力》(The Spirits and the Law: Vodou and Power in Haiti) 的作者 Kate Ramsey 指出，第 246 條最初定義的只是簡單的「中毒」犯罪，正如上述第一段中所見。直到 1864 年 10 月，該條款才擴大到包括第二和第三段，其中包含關於「對某人使用的物質，這些物質在不致死的情況下會導致或多或少延長的昏昏欲睡」，然後埋葬。該條款的這些部分是在 Fabre Nicolas Geffrard 將軍的領導下添加的，他信仰天主敎，於 1859 年上台執政。(註3)

169

　　根據 1883 年海地刑法典第 246 條所述，製造喪屍是一種犯罪行為，雖然受害者在技術上還活著，但也視為謀殺。條例訂明，通過投毒，那指使用物質使一個人沒有被殺死，而或多或少地處於昏昏欲睡的狀態。如果在昏睡狀態下將人埋葬，那麼將被視為謀殺。從條文我們也可以得知「喪屍化」的線索——條件似乎來自於攝取「在不致死的情況下導致長期昏睡的物質」。

　　此外，根據刑法第224和227條，秘密社團如zobop、bizango、cochon gris 和 secte rouge 本身是非法的，他們都與喪屍化犯罪有所牽連。

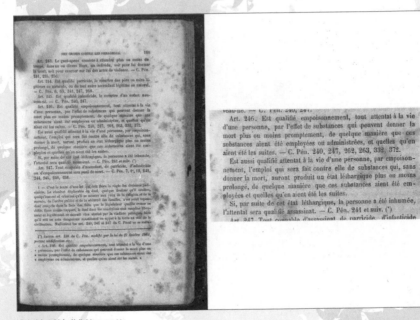

《海地刑法典》第246條

海地革命的百多年後，即距今不過 50 多年前，當地仍存在喪屍傳聞。相傳海地前總統老杜瓦埃（Francois Duvalier，1957年當選就任海地總統）曾以巫術製造大量「還魂屍」，藉巫師的毒咒，讓活人成為「活死人」，任由主人驅使奴役。這群喪屍大軍組成「通頓馬庫特」（Tonton Macoute），意思是「吃人的惡魔」，殘殺了逾三萬名反對者。老杜瓦埃利用巫術統治當地足足 29 年，直接他死後 15 年，海地人民才揭竿而起。有人憤而掘開老杜瓦埃的墳墓，但裡面卻空空如也。

相傳老杜瓦埃曾以巫術製造大量「還魂屍」來輔助統治。

唯物主義者大抵難以相信，一個國家竟能與靈異之物牽扯得如此深。就算當中存在以訛傳訛之流言，也足以說明巫術信仰隨時影響一個國家的歷史。

註1
《西印度群島簡史》，A Short History of THE WEST INDIES by J.H.Parry and P.M.Sherlock, MacMillan Press Ltd London 1971。轉引自維基百科。

註2
一份 1883 年的海地刑法典副本可以在美國國會圖書館的館藏中找到，而且已被數碼化。它收集了刑法以及當時海地法律的其他幾個來源，例如民法典和民事訴訟法典。

註3：見https://blogs.loc.gov/law/2014/10/does-the-haitian-criminal-code-out-law-making-zombies/

巫毒喪屍的學理假說

　　對於伏都喪屍，唯物主義者與唯科學至上或嗤之以鼻，置之弗談。但外國好些專家卻煞有介事研究一番，究竟是他們無聊，抑或我們無知？

河豚毒到曼陀羅

　　早在 20 世紀 60 年代，當時的研究者認為，河豚的魚皮和內臟，會分泌出讓人癱瘓和死亡的毒素，這種毒素便是「喪屍粉末」（又稱為復活粉末）的主要成分，不過，到了 20 世紀 80、90 年代，專家對上述假說產生質疑。研究者認為，真正能製造喪屍的，應該是一種曼陀羅花或曼陀羅草毒素，屬茄科植物，能產生莨菪鹼，這是一種四氫異喹啉生物鹼的藥物，非洲地區不時以之為藥物。

專家估計曼陀羅花是提煉喪屍藥粉的材料之一。

研究者在西非民族傳統儀式內，發現含有曼陀羅草毒素的混合物。服用過這種混合物的人，會產生恍惚狀態，引起類似死亡的幻覺。如果大量服用，更會造成癱瘓，陷入假死狀態。專家把曼陀羅的功效形容爲「醒著夢遊」，做夢的人是醒著的，但與外間世界完全脫離——這就是海地的喪屍。

20 世紀 80 年代，研究認眞地探究海地還魂屍的背後原理。1985年，加拿大民族學者韋德·戴維斯出版《蛇與彩虹》，該本書旨在尋找海地製造還魂屍的「藥物」。他認爲，儘管情況很少見，人們可使用化合物使人癱瘓，然後使他們從墳墓中復活。

戴維斯指該藥粉成份包括四種河豚毒素、藤類植物、毒蜘蛛、雨蛙、蟾蜍等，他又推測，此毒或有「解藥」，能從毒扁豆提煉出來。

韋德・戴維斯的研究

1982 年 4 月，著名的民族生物學家韋德戴維斯（E.Wade Davis）被派往海地。當時有報導稱，有兩名本應死了的人返回了村莊。受害者和親屬都證明這兩個人已經變成喪屍。

對戴維斯博士來說，幸運地，其中一名受害者能夠描述他中毒後的症狀。爲了獲取喪屍粉末、解毒劑和製造方法，戴維斯藉著聲稱想「對敵人使用它」，博取波哥巫師的信任，終於取得五份「喪屍粉」樣本。最初幾個星期裡，他僅能購買喪屍粉，但無法親眼目睹如何製備。後來，戴維斯終於得悉喪屍粉配方，並親眼見證了其製作過程。

戴維斯寫了一本專題研究海地喪屍的著作——《蛇和彩虹》，這本書後來還被拍成恐怖電影。電影講述喪屍的源頭是海地黑魔法修煉者，他們用藥物來製造還魂屍。一家大型製藥公司企圖獲得這種藥物的更多信息，以便用於其他領域。

在書中，他描述了與波哥交流時，親眼目睹巫師在他面前把一個年輕女孩從墓裡挖掘出來。在製作喪屍粉末的儀式上，女孩的頭骨被壓碎並添加到混合物中，其骨頭又放在烤架上。

而為了準備喪屍粉的解藥，這少女的身體再次遭褻瀆。解藥包含六種植物（蘆薈、癒創木、officinalem cedrela odorata、Capparis cynophyllophora、Amyris maritima 和 caparis sp），以及海水、甘蔗酒精、香水和來自波哥的一種黑魔法材料。

戴維斯收集的喪屍粉樣本，經檢查後發現包含三種河豚魚——Diodon holcanthus L、Diodan hystrix L. 和 Spheroides testudineus L.——以及多種植物材料、兩棲動物（包括蟾蜍）、爬行動物（包括蜥蜴）、蛛形綱動物、蜈蚣、環節動物（多毛類蠕蟲）和乾燥的人骨和肉。使用人類遺骸是巫毒魔法中的常見手段，大多數靠闖入墳墓以獲取。其餘成分包含曼陀羅是可引起健忘症的致幻劑，而另一種成分鱉毛豆也具有致幻作用。此外，包括樹蛙（Osteopilus septentrionallis Dumeril 和 Bibron），可能導致暫時失明或癱瘓（Hermodice carunculata）；海蟾蜍會產生噁心、呼吸困難、刺痛皮膚並使嘴唇變藍。所有材料都經過烤製，直到它們呈現出柔軟、油膩的稠度，再被磨成粉末。

過程中，戴維斯認識到主要成分包括稱為豪豬（Diodon hystrix）的 fou-fou 和 crapaud de mer 成分、海蟾蜍或河豚（Sphoeroides tes-tudineus）。換言之，藥粉裡含有致命神經毒素——河豚毒素。

中河豚毒會如何？

Bruce W. alstead 博士描述了河豚中毒的症狀如下：「唇和舌頭刺痛和運動不協調的症狀通常在攝入魚後 10-45 分鐘內出現。刺痛感稍後可能會擴散到身體的其他部位。在某些情況下，麻木可能涉及整個身體，在這種情況下，受害者可能會感覺自己好像在『漂浮』。唾液分

泌過多、極度虛弱、噁心、嘔吐、腹瀉、腹痛可能很快會隨之而來。隨之而來的可能是肌肉抽搐、癱瘓、吞嚥困難、失聲、抽搐和呼吸麻痺導致的死亡。超過 60% 被這種魚毒死的受害者。河豚中毒沒有特殊的治療方法或解毒劑。」（註1）

　　喪屍特徵包括空洞的凝視、重複性的笨拙動作、極其有限和重複的言語模式。雖然喪屍通常可以說話、吃東西和聽東西，但會完全喪失記憶，並且不知道自己的處境。這與河豚毒相關嗎？

韋德•戴維斯的爭議

　　戴維斯的理論後來遭到科學家的質疑，指出他提供的喪屍粉末樣本不一致，而且樣本中的神經毒素含量不足以製造喪屍。

　　質疑者說，樣本中的河豚毒素水平非常低，在對小鼠進行試驗時，牠們沒有表現出中毒的跡象。批評者亦強調，樣本具有高鹼性水平（ pH10 ），這使得河豚毒素不穩定且無效。在鹼性環境中，河豚毒素會不可逆地分解，因此無效。此外，波哥使用的劑量必須準確，因爲過多的毒素很易導致人死亡。也有批評者認爲，沒人在小島國中發現有種植園存在喪屍勞工。

　　戴維斯對批評作出回應，強調毒藥是粉末形式，沒有 pH 值。此外，它們通過擦傷的皮膚施用於人體，血液可防止河豚毒素變性。然而，反駁的觀點是粉末並非完全不含水，因此在潮濕環境中可能不穩定，這可能會導致變性。可惜的是，戴維斯的唯一參考資料是他自己的作品，無法驗證。

　　河豚毒素中毒會導致周圍神經麻痺，導致呼吸系統停止工作時窒息。然而，當呼吸系統減慢時，亞致死劑量反而會導致死亡。戴維斯

認爲，這種明顯的「死亡」被波哥用來製造喪屍：一個呈現死亡表象的中毒人士被埋葬，後來被波哥挖出，然後「復活」。在海地，缺乏醫療專業人員下宣佈死亡並不稀奇，且通常在一天之內便埋葬，因此有機會出現誤判死亡的案例。

戴維斯聲稱，根據對老鼠的研究，可以確定 3.5 克的喪屍粉足以使 73 公斤的人昏迷。

在第二本書《黑暗的通道：海地殭屍的民族生物學》中，戴維斯承認自己的理論存在問題，但也駁斥了一些人指他嘩衆取寵。他堅持認爲，海地喪屍信仰是基於「某人被施以河豚毒素，後來在棺材裡復活，被人從墳墓帶走」的案例，儘管這類個案並不常見。此外，他補充說，喪屍現象不僅僅靠粉末，這只是巫術力量根深蒂固的文化信仰的一部分。在海地文化中，巫毒教祭司不僅僅是創造殭屍，他們也通過魔法帶來祝福或詛咒。

戴維斯曾與海地波哥交談並得知許多施展巫術方法：例如，在目標受害者的門檻上以十字形散佈，或放在他們的鞋內或背部。毒藥從不會灑在食物中，因爲攝入過量河豚毒素會導致完全中毒，幾分鐘內就會出現呼吸衰竭，破壞製造喪屍的過程。由於許多成分是皮膚刺激物，這是將毒物帶入血液的有效方法。受害者抓撓皮膚，留下傷口，使受害者進一步受毒藥影響。

Frère Dodo 是一位巫毒教巫師，後來成爲福音派傳教士，他斷言喪屍粉的主要成分實際上是河豚毒素。他解釋說，喪屍粉須事前施放給受害者。也有巫毒教成員說，與其在受害者的食物裡落毒，不如將毒藥反復塗抹在皮膚上，最好是開放性傷口。

然而，這就是事實的全部嗎？過去曾中河豚毒素的倖存者，其實行爲上並不像喪屍，他們康復後記得自身經歷。有人認爲「解毒劑」中的

某種成分可能是導致長時間昏睡狀態的原因。當服用解毒劑時,毒藥已經損害了「大腦中控制語言和意志力的部分」,受害者可以移動和行動,但不能思想。不過,解毒劑的成分和製作技術因地區而異。大多數喪屍復活時的解毒劑是甘藷、甘蔗糖漿和曼陀羅的糊狀物,其中含有阿托品和東莨菪鹼,可能是對抗毒藥的活性成分。然而,後兩種活性成分是精神活性藥物,服用一定劑量的話,或使受害者很容易地被人帶走。

有研究者認為,藥物使人神智不清,但也得結合其他幾種條件,才能製造出「喪屍」。對巫毒的信仰、死亡的恐懼,加上波哥擅於語言來誘導受害者。信念是「病毒式」的,人接觸特定信念的次數越多,他們就越有可能接受它,即使那種信念沒有邏輯。

在一些海地喪屍案例中,由於受害者本身的人際方面問題,村民不喜歡他們,家裡又發生了紛爭(例如與家人爭奪土地、婚外情等),本來已與社區隔離。受害者自以為受到詛咒,被邪惡的眼睛盯住了,因此遭波哥懲罰為喪屍。這種「信仰」會使他們容易更遵從巫師的指令。

醫學雜誌上的喪屍研究

1997 年,Chavannes Douyon 博士和 Roland Littlewood 教授在英國醫學雜誌《柳葉刀》發表了他們對海地喪屍行為的研究。他們開發了一個全面具推測性的模型,用於解釋構成喪屍行為的大腦變化。

兩位神經科學家研究了三宗海地喪屍的行為(具體故事參閱本章開首的「怪奇傳說」),他們認為,喪屍的成因與毒藥無甚關係,更多與疾病有關:

「喪屍具有由杏仁核的眶額控制喪失引起的衝動反應性攻擊障

礙。共濟失調是由小腦疾病引起的。海馬損傷會導致長期記憶鞏固問題。語言迴路被破壞，解釋了失語症。他們減少的疼痛反應是繼發於軀體感覺皮層的損傷。後頂葉皮質的退化導致注意力鎖定障礙。腹側紋狀體獎勵途徑的功能障礙會導致成癮行為，例如肉癮。」

他們在論文中寫道：「患有慢性精神分裂症、腦損傷或學習障礙的人在海地遊蕩的情況並不少見，他們特別有可能被認定為缺乏意志和記憶力，而這正是喪屍的特徵。但還有一種特殊的精神疾病，稱為科塔德綜合徵，會導致人們表現得像喪屍。這是因為他們誤以為自己已經死了或正在腐爛。目前尚不清楚這種情況的普遍程度，但研究表明，這種情況很少發生。然而，記錄在案的科塔爾綜合徵患者病例令人不安。」

一份研究報告了一名 53 歲婦女的情況，她「抱怨她死了，聞起來像腐肉，想被帶到停屍房，這樣她就可以和死人在一起。」

質疑者認為海地喪屍不存在

除了藥理、病理上的懷疑之外，還有人用其他理由來質疑「海地喪屍奴隸」之說。首先，將人變成喪屍的過程，會使對象腦部受損、不協調和緩慢。可見，「喪屍」根本不是理想的農場工人。此外，製造喪屍在經濟學上亦說不通：海地是西半球最貧窮的國家，不乏農場和種植園的廉價勞動力。在一個平均年收入低於 2,000 美元的國家，多的是身體健全的人願意投入勞動。就算喪屍無須報酬，他們仍需穿衣、住所和吃飯，這也會抵消「飼養」他們的潛在利潤。但更重要的是，沒人有證據找到住滿喪屍的甘蔗種植園。

現代喪屍可能存在嗎

說了一堆海地喪屍的學理可能性，那麼現代版的，那種移動緩慢，嗜血吃腦、一身傷口、不斷腐爛的喪屍，又有沒有可能存在？

正如動漫作品，認真的科學愛好者會從科學角度講解超人不可能高速飛行、哥斯拉為何不能存活。喪屍也一樣，幸運地（或煞風景地），喪屍似乎不易出現在地球村內，理由眾多：

濕度：地球無情的天氣會以多種方式對喪屍造成傷害。高溫和潮濕為昆蟲和細菌的繁殖提供條件來加速腐肉的變質，昆蟲和細菌會分解屍體。沙漠的干熱會在幾個小時內將殭屍吸乾，變成外殼。

動力學上不可能：人體的運動是通過肌肉、肌腱、骨骼之間的聯繫來實現的。當系統的一部分出現問題，人體便不能移動太遠。但現代喪屍卻被描寫成即使肉和骨頭晃來晃去也能完全移動。

免疫不可能：沒有了活人的免疫系統。喪屍的肉體是無數細菌、真菌和病毒的完美滋生地，它們從內到外把軀體吞噬。

代謝崩潰：喪屍沒有新陳代謝，他們的胃無法為營養物質轉化為能量提供化學途徑。（註2）

然而，科學怎麼昌明，始終未能消除人類對屍變、喪屍的深層恐懼。請耐心看下去，喪屍危機仍未解除。

註1：來自：《危險的海洋動物》，Bruce W. Halstead著，康奈爾海事出版社，劍橋，馬里蘭州，1959 年。

註2：詳見https://science.howstuffworks.com/science-vs-myth/strange-creatures/10-reasons-zombies-are-physically-impossible.htm

屍戲迫人

《活死人之夜》到《魔間傳奇》喪屍的進化

經典電影《活死人之夜》(Night of the Living Dead)，對喪屍如此刻劃：行動遲緩、智力低下、群起襲擊活人，被咬傷者也會變成喪屍。我們可以見到，無數同類電影，大致上也採取這種設定。

但同中也求異。後來的電影每在經典模式下求變，如 2007 年《I am legend》(港譯《魔間傳奇》，大陸和台譯《我是傳奇》)中，喪屍懂得設陷阱捕捉人類，並非沒有智能只懂循生物本能行事；在《World War Z》(港譯《地球末日戰》) 中，喪屍行動豈止不遲緩，跑起上來簡直像「輕功水上飄」；在《Warm Bodies》(港譯：《熱血喪男》，台譯《殭屍哪有這麼帥》，大陸譯《溫暖的屍體》) 中，喪屍非但有思想，還戀上一個人類女孩⋯⋯

只要有心，喪屍也是人。沒心沒肺的人，不如當死屍算了。

《魔間傳奇》的喪屍懂得設陷阱捕捉獵物。

中世紀歐洲行屍與死靈法師

　　西非和海地的伏都波哥和曼波人，似乎掌握了某種方法，操控仍在生的人，讓他成為「行屍走肉」式的奴隸，甚或令已死者復生，成為還魂屍。但世上懂得類此邪術者，不僅限於「非洲伏都系」的人；能驅策屍體的，可能還有中世紀歐洲巫師，甚至古時的中華人。

一己私慾驅策屍體

　　中世紀歐洲，一直有「行走屍體」的傳說。有別於吸血鬼屬「自發性」的屍體變化，行屍主要是有人藉著巫術或借助惡意精靈，驅策屍體以達個人目的，例如復仇。

死靈法師自古波斯帝國已經存在。

　　召喚死者歸來，據說可追溯至古代阿拉伯沙漠的游牧部落。游牧民族普遍接受薩滿信仰（Shamanism，這裡泛指原始巫覡宗教，非指流傳於蒙古、突厥、滿洲、通古斯的薩滿教和西伯利亞薩滿教），其巫師掌握召喚死者之術。儘管如今阿拉伯世界主要以穆斯林為主，有零碎證據顯示該區仍有人堅守部落原始信仰。

　　另一種以驅使屍體而聞名天下的就是「死靈法師」。近世不少電玩、網絡遊戲常以這種「職業」作為遊戲角色，使死靈法師之名深入年輕人族群的心。事實上，死靈法師不是由創作人憑空杜撰，

他的身影可追溯至西元前 550 年，波斯王居魯士二世消滅米底亞王國，所建立的強大帝國——古波斯帝國。

相傳死靈法師以操縱亡魂和屍骸為業，大致可區分為兩個流派，一派乃專研召喚並支配亡魂的「死靈派」，另一派是主攻死屍回魂的「死屍派」。

汲取屍體能量

在月黑風高的深夜，四野無人的墓地，有人偷偷掘開墳頭，他不是盜墓賊在盜寶，亦不是降頭師在提煉屍油……他小心奕奕從屍體刮下苔草，拔下指甲與牙齒、頭髮，割走耳朵、眼睛、骨頭和仍然完好的肌肉，接著在墳頭吟誦咒語。他就是死靈法師。

除了分屍，他還會「食屍」，尤其是嬰兒！

為什麼要行此毛骨悚然的劣行，背後目的何在？一切源於操縱亡魂之術的副作用。長年與靈魂打交道，正如中國人老話「瓦罐不離井上破，將軍難免陣中亡」，死靈法師最擔憂的是邪靈反噬。為免悲劇降臨，這一族群竭盡心力，他們得到一個答案：人類屍體存在許多物質，具備抵禦惡靈之能。尤其死於非命如夭折、死前受暴力對待的死屍，功效尤其顯著（與中國人所講「怨氣重」有異曲同工之妙），當中以嬰屍的能量最強。

但防禦並不是死靈法師的最終目的，在他們的概念裡，操縱屍體只是手段，藉此了解生命奧秘，終極目標是掌控生命，甚至令人死而復生。讓人驚異的是，一些歐洲巫術史的文獻，確是記載有死靈法師把剛死於絞刑的人復生。當然，這是未能解釋的真正巫術或黑魔法，抑或如同現代魔術般的障眼術，就有待考究了。鑑於死靈法師的行為過分殘忍邪惡，從 12 世紀開始到 16 世紀，他們遭到逮捕及驅逐，成為史上聞名的「獵巫」事件中受打擊的一群。

海地驅屍與湘西趕屍

　　海地有還魂屍，中國也有著名的湘西趕屍。海地巫毒之術，是使活人雖生猶死，無意識地工作；湘西趕屍之術，是令死者雖死猶生，利用殘餘意識走路。兩者共通之處，乃過程中均需要用「毒」（趕屍其一須運用的是硃砂，硃砂含毒素），皆可使人體的神經系統中毒。相隔萬里的奇異事件隱然互通，你認為是巧合或附會嗎？

讓屍體復活的「死靈法師」

　　許多動漫遊戲或電影劇集經常於歷史、傳說中取材來賦予作品真實感。20 年前，電腦遊戲《暗黑破壞神II》(Diablo II) 面世，當時掀起一陣熱潮。筆者清楚記得，那年頭的外國宗教團體紛紛撲出來譴責該遊戲，說它暗藏大量黑魔法符號，會助長魔鬼的勢力云云。遊戲裡有一角色，其職業名為「死靈法師」(Necromancer)。別以為死靈法師「純屬虛構」，實則從事這職業的人，背後擁有一段令人震慄的歷史。更甚者，在 21 世紀，仍有教派在修習死靈法術……

從遊戲到真實的死靈法術

　　古巴比倫的死靈法師被稱為 Manzazuu 或 Sha'etemmu，他們召喚的靈魂被稱為 Etemmu。在遊戲中，這個皮膚慘白、面無血色的傢伙，能從死去的敵人屍體中創造一具識行識走的骨骸，甚或直接把死者喚醒，供己驅策，組成「不死者軍團」對抗敵人。

遊戲《暗黑破壞神》裡的死靈法師

　　中國人如果要與死者鬼魂溝通，在華南稱爲「問米」。古代的死靈法師，則藉著「死靈法術」（Necromancy） 來與亡者聯繫。這聽起來像是一種西方版問米，不過其儀式複雜得多。死靈法術又譯爲通靈術，詞源來自希臘語 nekros（屍體）及 manteia（占卜），這種法術，本質是旨在揭示未來，或完成一些不可能的任務。簡單來講，死靈術的本質是爲了「預言」。

　　死靈法術早於文藝復興，彷彿自人類歷史之初就已經存在，就像薩滿教等其他巫術傳統一樣，通靈術於整個西方古代都很普遍，亞述

人、巴比倫人、埃及人、希臘人、羅馬人、伊特魯里亞人、迦勒底人之間皆大爲流行。那時的人深信，不受塵世法則束縛的靈魂，比活人更能預測未來。

　　古代世界的文學及文獻不乏對「死者的占卜者」的敘述，譬如在荷馬的《奧德賽》中，荷馬描述英雄奧德賽前往冥界，通過使用女巫 Circe 教給他的法術，向冥界諸神獻祭，以羊血作爲鬼魂的特殊飲料，來喚醒死者的靈魂。

死靈法師召喚回來的靈魂會進入屍體

復活屍體的故事

　　你可能疑惑，所謂喚醒死者靈魂，也僅算鬼故事罷，與「屍體復活」有什麼關係？就讓我們先看一則來自一世紀羅馬詩人盧坎（Lucan）的史詩《法沙利亞》（Pharsalia）的故事：

一位名叫塞克斯圖斯的指揮官，希望得知法薩盧斯戰役的結局，是誰獲得勝利。於是，他諮詢色薩利（Thessalian）的女巫埃里克托（Erictho），讓她占卜未來。埃里克托在在戰場上找到一具頸部和肺部完好無損的士兵屍體。她摘除屍體器官，將含有鬣狗肉、蛇皮和狂犬病泡沫的魔藥灌入體內，並拜訪亡靈引導者——赫爾墨斯。赫爾墨斯是死者的嚮導，他幫助女巫召喚屍體的靈魂，成功令士兵的軀體復活。亡靈作出預言，宣告即將發生內戰，同時預告塞克斯圖斯將面臨死亡。結果塞克斯圖斯果然難逃一劫。

搞了一場大龍鳳，塞克斯圖斯所得神諭卻是自己的死亡預告，當真邪門。如果生命可以重來，不知他是否仍會辦這一場死靈法事？

從這則故事我們可以見到，死靈法術與東方問米的差異在於：被召喚回來的靈魂會進入屍體，令屍體重獲活動及跟人談話的能力。其詭異邪門之處，似乎比起南洋降頭術煉屍油猶有過之。

流傳至今的死靈儀式有非常之多的版本。其中一種是：巫師把屍體從棺材移走後，會把屍首頭顱朝向東方初升的太陽，四肢呈釘在十字架上的位置。然後將一小盤燒酒、乳香和甜油放在屍體右手附近，再以咒語發施號令。當然，不同文化之間的咒語差異甚大，但似乎都集中在命令鬼魂行動並回應生者的需求。

地獄之門所在

相傳，只要儀式依法進行，死者的屍體會慢慢升起，盡職盡責地回答死靈法師的問題。靈魂如肯合作，換來的是日後「安息」的承諾，其屍首將被焚燒或埋在生石灰中，使其永遠不會再被人從陰間召喚出來。

死靈法術可分為官辦與民營兩種，前者會於專門場所進行儀式，

預言國家大事。那些專供探問神諭的「冥界之門」，通常位處湖泊、洞穴或地底深處，因為時人相信這些地方是通往冥界的通道。據考古學家研究，其中一個位於意大利那不勒斯的阿佛那斯湖（Avernus）。那裡曾是一座火山的噴口，後來火山停止活動，形成一個天然的湖泊。古代的裡說中，這裡是地獄的入口，所以Avernus也變成地獄的代名詞。

　　除了官方神諭，死靈法師還可以在特殊的地方進行儀式，墳墓就是其一，因為靈魂每在屍體附近徘徊。除了墓地，戰場裡有很多未被安葬的屍體，那裡也有大量四處遊蕩的靈魂。

　　大多數時候，死靈儀式於滿月時進行，最佳時間是在午夜，尤其充滿風雨閃電的夜晚，世人相信，在暴風雨的天氣裡，靈魂更容易現身。巫師會先畫一個魔法圓（魔法陣）來保護自己，免受死者憤怒靈魂的傷害。

死靈儀式需要「犧牲品」

復活屍體的血祭

儀式還需要獻祭和供品，使死者的靈魂平靜，如酒、泉水、大麥、蜂蜜、油、小麥、鮮花、沒藥、雞蛋等。死靈法術需要「犧牲品」，那並不一定指殺人，而是要血液來祭祀，過程中巫師經常使用動物的血。血祭是爲了將死者拉上來，因爲血是生命的代表之液，靈魂藉此才得到停留、顯現和說話的能力。死靈法術也會用到一些和死者相關的個人物品，如骨頭、死者的血、生前佩戴的珠寶諸如此類，以便與死者建立聯繫；若然沒有這些物品，也可以用墳墓中的泥土或焚燒產生的灰燼代替。

爲了進入出神的精神狀態，死靈法師會穿上死者的衣服，吃代表腐爛的食物（如黑麵包），並燃燒鐵杉、曼德拉草和鴉片來營造氣氛。更誇張而驚人的說法是：死靈法師還會肢解或吃屍體。目的很可能是增加「法力」。

死靈法術的關鍵之一在於找尋合適的屍首。士兵、罪犯、因暴力死亡的人、因復仇而死的人，以及未得妥善安葬的人，皆是合適的目標對象，因爲這些死者不能渡冥河到冥界，被迫留在地面上。民間傳說更指，亡者逝世時間不能超過一年，否則死靈法師只能喚出鬼魂，不能「喚醒」屍體。

文藝復興之後，死靈法術的記載從文獻中悄悄地消失。但死靈法術很可能透過另一種形式——如降神會和招魂術流傳了下來。時至今日，在非裔巴西宗教金班達（Quimbanda）中據說仍然有人修習通靈術，他們聲稱能與幾種精魂溝通，包括一組稱爲 Pomba Giras 的女性精魂和一組稱爲 Exus 的男性精魂，透過法術可以向它們求助。

當然，即使今天仍有死靈法師存在，他的職能想必十分類似「問米婆」，扮演著生者與靈體溝通的角色，至於復活屍體這種聽來又誇張又

不符科學的秘術，是否當眞存在，恐怕難以 fact check 了。

特稿：十字路口黑魔法

　　傳說，如果把非自然死亡的人埋進十字路口的土壤，而不作任何鎮邪的儀式，後果將十分不妙，泥土裡的死者有可能屍變。

　　無獨有偶，西方一直流播一種傳說：通過在十字路口施行魔法儀式，你可以召喚魔鬼，向他許願或學習某種技能。而這種召喚惡魔的魔法，有人認爲源出於死靈法師的「死靈法術」。儘管兩者的目的不盡相同。

　　十字路口，是兩條道路成直角交界的岔路口。這種獨特的道路岔口，對全球宗教和民俗信仰都有特殊意義。

　　在古希臘，時人會於十字路口設置紀念石，用以紀念愛神。

　　在古羅馬，類似的神——「水星」，是十字路口的守護者。

　　在印度，有一種說法指，陪臚（Bhairava）神是濕婆（Siva）大神的原型，據說祂在村莊郊區守衛著十字路口。村民豎立石製的陽具，以及代表陪臚的警惕眼睛雕像，以示祂爲邊界守護者。

　　在危地馬拉，古老的瑪雅民族，原本崇拜黑魔神瑪瑪（Maam Lord），由祂鎮守十字路口。後來受西方人影響，他們竟以天主教聖馬克西蒙（Maximon）或聖西蒙（Saint Simon）的畫像爲代替品，描繪他坐在敎堂外十字路口的椅子上。

　　在非洲，幾乎每個部族都有自己的十字路口神版本。萊格巴（Legba）、埃勒瓜（Elegua）、埃萊格巴拉（Elegbara）、埃舒（Eshu）、埃克蘇（Exu），恩布巴（Nbumba Nzila）和龐巴．

吉拉（Pomba Gira），祂們為開闢道路、傳授智慧和守護十字路口予以幫助。

由於十字路口是一處不屬於任何人的土地，昔日是城鎮邊界以外之地，因此素來是施行魔法的合適場所。在歐洲和非洲的民間傳說裡，當地人廣泛地使用十字路口作為即興祭壇，在此佈置祭壇並舉行儀式。

其中，移民到美國的非裔人甚為熱衷進行十字路口魔法。

儀式方面，施法者首先要準備一隻未交配過的黑母雞，趁牠仍在睡覺未啼叫時捉走牠，走到街道的十字路，在午夜12時以絲柏木所製的法杖在地上畫一個直徑一公尺的魔法圓，接著一邊用手將母雞撕裂，一邊唸誦咒語召喚惡魔。

另一個流傳的儀式則大體上如此：於墓地取來一些泥土，放入一個小瓶子裡，在指定的三個或九個晚上（一說早晨也可），把它帶到十字路口，坐在那裡嘗試練習想學的技能（比如彈吉他）；不要在意將會看到了什麼，不要害怕並逃跑。

連續多天到訪十字路口後，施術者應該會看到一些神秘生物。在最後一天晚上12點，將有一個「大黑人」（或小黑人男孩）出現。如果施法者不害怕也不逃避，「大黑人」會向他借用手中道具，然後展示運用該物品的正確方法。當「大黑人」歸還物品時，施法者會突然獲得神奇的「天賦」，從此成為箇中高手。

以下是由菲律賓通靈者、民間魔法師尼爾・奧坎波（Neal Ocampo）記述他所進行的十字路口魔法儀式。他強調，關於這儀式，自古相傳許多的描述皆有不同，而他分享的僅是其個人體驗。

最初，尼爾也沒預期會見到「黑人」。他準備了魔法儀式中所需

的材料：蠟燭、一個碗、草藥（包括七種草藥，如骨草、鼠尾草、小白菊、檸檬草等 ）、礦物質和朗姆酒，並帶著它們，剛好於午夜到達十字路口。

接下來，他坐在街角，小心翼翼地施展咒語。午夜過後約半小時，他注意到兩條黑狗向他走來。尼爾裝作視若無睹，繼續做自己的事。當準備將朗姆酒倒入碗中結束儀式時，他閉上眼睛祈禱，然後把手伸到蠟燭的微小火焰上，向內畫了三圈。然後慢慢地睜開眼睛，凝視著燭火。凝視時，一個穿著黑色西裝、戴著高禮帽的男人走近了尼爾，從他手中接過朗姆酒瓶，將液體倒入碗中。

尼爾瞪了「那人」一眼，他只是笑了笑，轉身帶著朗姆酒走開了。在那次非常短暫互動之後，尼爾一直問自己那人是誰。那時雷電閃過，干擾了他的注意力，所以尼爾立即收起材料（除了朗姆酒，他漏帶走了 ），盡可能快地跑，並沒有完成咒語。尼爾自己知道那次咒語會失敗，因為根本沒有完成儀式，但他認為十字路口的「黑人」批准了他的請求。

尼爾坦言，他的經歷不符 Hoodoo 傳統作法。傳說規定，這儀式須連續三或九個晚上進行，而黑人只會在最後一晚出現。經典胡都研究著作《Hoodoo Conjuration Witchcraft & Rootwork》的作者哈里‧米德爾頓‧海厄特（Harry Middleton Hyatt）記述，十字路口魔法雖沒有特定的規則，但似乎也有些具體要求：

- 在前一天的星期天早上去岔路口
- 必須在深夜12點到達十字路口
- 須連續9天於同一時間誦讀 91 篇魔法詩篇
- 許下一個特別的願望，不管你想做什麼

如果你想實行邪術或做壞事，魔鬼就會來臨：
- 第一次魔鬼會先送來一隻紅公雞
- 然後魔鬼送來別的東西，形狀像熊
- 最後親自過來，握住你的手，告訴你繼續在這個世界上做任何想做的事

這位神秘導師是誰？相傳其膚色呈漆黑色，而非棕褐色，也就是說「他」並非有色人種或一般意義下的「黑人」。故此，目擊者才會稱他為「大黑人」。有時，人們會稱之為「騎手」、「li'l ole有趣的男孩」，甚至——「魔鬼」。在西非伏都教，有一個惡魔（一說是古神）名為 Papa Legba，祂是道路之主，專責開啓通往靈界的道路。研究者認為「大黑人」的屬性與 Papa Legba 相仿，故相信這傳說的源頭在非洲。流傳至美國後，西歐與非洲的傳說合流，「大黑人」便變為基督宗教的魔鬼。

有人認為，美國非裔人的這些黑魔法，乃源出於歐洲民間信仰的文化移植，因為日耳曼文化的「與魔鬼立約」傳說早於非洲人在美洲被奴役的年代。但也有研究者認為，美國黑人的魔法，包含非洲胡都（Hoodoo）與伏都（Voodoo）的元素，當中胡都的色彩尤其濃烈。另一派人相信，十字路口魔法受剛果和姆本杜（Mbundu，位於安哥拉北部）所影響，並由在美國遭奴役的非洲人重新創造出

來。

有一種說法指，當葡萄牙人殖民剛果時，於當地引入了天主教，西方的「十字架」概念就被疊加到非洲的傳統上。

在剛果民主共和國和西南非洲的安哥拉民族姆本杜（Mbundu），十字路口的影響力尤其深遠。人們相信這地方是物質世界和精神世界的交匯之地，是靈性和魔法流動的主要渠道。在這裡可以供奉祖靈或進行儀式。每當他們走到十字路口時，都充滿了對神靈的敬畏。剛果傳統智慧稱，所有的「創造」皆始於交叉宇宙圖，也稱爲「yowa」，這符號被視爲宇宙的結構，是道德制裁的永恒源泉。大地的水平線，將生者的土地與其死者的領域鏡像對應般分開。活人的土地稱爲地球（ntoto），死者的領域稱爲白土（mpemba），又稱 kalunga。

交叉宇宙圖的中心圓圈代表太陽，而十字點上的四個標誌性圓盤代表太陽的四個時刻——黎明（誕生）、中午（生命最充實）、日落（死亡），最後，第二個黎明（重生）。十字架的圓周，代表生命的連續性和必然性：是故剛果人相信：過著正義的生活，就永遠不會被毀滅，而是會重生。

19、20 世紀出生的非裔美國人已將胡都族民間傳說和出賣靈魂的傳說（浮士德式的魔鬼交易傳說）糅合起來。可以確信的是，胡都（Hoodoo）傳統中的惡魔，形象肯定不是指基督教的撒旦，而是指與十字路口相關的非洲騙子神、豐人的萊格巴和約魯巴的埃萊瓜或埃蘇。而交叉宇宙圖（yowa）符號最終藉著傳統圖畫、手勢、分叉的棍子，以及眞實的十字路口，帶到新世界美國。及後，隨著非裔美國人接受基督教信仰，他們祖傳的、原本象徵太陽四個時刻的十字標誌，亦滲進了受難和復活的意味。

　　非洲傳統上，祭祀者「banganga　nkondi」和「nsibi」負責掌管 yowa，他們站在十字路口上面，向神靈或祖先的名字宣誓，內容是：他們理解到，生與死的意義，是與河流或海底下的死者共享的過程。他們也會使用「十字標誌」與祖先交流，並尋求精神寄託。Hoodoo 巫師通過將標誌（bidimbu）刻在動物（爬行動物、鳥類、魚類）的外殼或皮膚，藉以向死者發送信息。

　　看到這裡，我們便可以理解，對非洲人來說，十字路口儀式本來是用於向死者發送訊息。這正與恰好與「死靈法術」不謀而合。

美軍構想的喪屍與殭屍

伏都教的 Zombie 畢竟離我們很遙遠，我們最常接觸到的，還是電影及電視劇裡的喪屍。正所謂事不關己，己不勞心，何況銀幕上的虛幻影像？但在 2014 年，美國《外交政策》雜誌披露了一份美國國防部的機密文件，那是一項作戰計劃，所防範的赫然是喪屍，令人不寒而慄。

該美軍機密文件代號為「CONPLAN 8888」，標註日期為 2011 年 4 月 30 日。文件長達 31 頁，模擬人類社會突現出現大量行屍，它們襲擊人類，受害者遭咬傷後迅速被感染，繼而讓更多人成為喪屍。

該計劃的起源可以追溯到 2009 年和 2010 年，美軍舉行的訓練演習，在此期間，參與聯合作戰計劃和執行系統的年輕軍官意識到，用假設的「喪屍襲擊」作為主題，具有不少潛在好處。在虛擬場景裡，以活動喪屍為戰鬥對象，而不是把突尼斯或尼日利亞這樣的現實潛在敵人為目標，該計劃激怒外交官的風險要小得多。

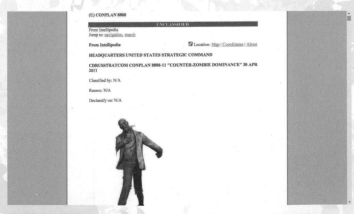

美國國防部機密文件「CONPLAN 8888」擬定對付喪屍的作戰計劃

文件假想了八種不同種類的行屍，計有因輻射而突變的行屍、因細菌病毒感染而成的行屍；以攝取植物爲生，對人類不構成直接威脅的行屍、來自外太空的外星喪屍，乃至由魔法所化成的行屍等。八類喪屍中，只有一種有現實根據，那就是「雞喪屍」。2006 年，加利福尼亞州佩塔盧馬發生一宗事件，涉事機構使用一氧化碳對家禽實施安樂死，但當中竟有強頑的母雞撐住不死，還爬出成堆的雞隻屍海，四處走動，直到牠們死於內臟器官衰竭。

據文件所載，計劃訂定了美軍如何因應情況來保護民衆安全，如列出醫院被喪屍侵佔後，軍隊該怎樣處理；又或當喪屍數量過多，軍人可以藉遙控機械人前赴重要設施如發電廠去執行任務。

CONPLAN 8888 的數十頁戰略文件，分爲三個部分。首先，制定並維護一項防禦計劃，以保護人類免受貪婪的掠食者侵害。其次，建立消除喪屍威脅的程序。第三，恢復戰火紛飛的經濟秩序。

絕對不是玩笑

文件指出，軍隊於作戰時不能以傳統戰術去對付喪屍。一如絕大部分喪屍電影所形容，有效殺傷喪屍的唯一方法：集中火力攻擊頭部，特別是腦部！而確保喪屍永不爬起來的最佳辦法，是燒毀屍體。

該計劃強調：「這絕對不是一個玩笑」，表示「雖然聽起來很可笑，但如果喪屍一旦出現，這是唯一有效的應對方法。」這份文件曝光後，自然引來媒體的廣泛關注，照慣例美國國防部並不作正式回應。不過，據一位美國海軍軍官向雜誌解釋，那份文件只供內部參考，只是設定一個虛擬訓練，讓士兵學習如何應對類似的突發狀況。

可是，這並非美國有關當局首次把「喪屍」煞有介事地列爲針對訓練項目。資料顯示，美國國家疾病控制與預防中心、國土安全部均會

假想一旦喪屍大舉入侵，政府人員和民眾應如何應對。

為了電影上的「怪物」而如此大費周章，是小題大造還是未雨綢繆？

消滅喪屍的武器

正如絕大多數的電影描述，喪屍通常不涉及邪靈或妖魔，你不能用十字架、聖水、大蒜來對付（那是對付吸血鬼的方法），唯一有效的是物理攻擊，最佳目標是其大腦。

無論是用鈍器衝撞重擊頭部，抑或清脆利落地以利刃斬首，均是有效的毀滅喪屍手段。至於其他的冷兵器，諸如古戰場常見的長槍、長矛、三叉戟之類，由於其設計主要是刺擊身體，難以完全摧毀頭部，所以別妄圖拿一把「燒烤叉」就可以屠屍——你頂多可用以擋住喪屍，盡量使它埋不了身，保護自己。

火，無疑是殲滅喪屍的有力武器，試問若行屍完全被燒成灰燼，連附身的病毒也燒乾燒淨，又怎能再作怪？但奇怪的是，行屍們似乎對火焰毫無懼意，即使面前點燃起熊熊火牆，喪屍也不會絲毫減慢腳步。有些影像甚至描述被點燃的喪屍完全沒有反應，顯示出他們全無痛覺。換言之，火能毀屍，但沒有阻嚇作用，它們仍會朝著你追過來。跟火的情況類似，硫酸也能徹底毀屍，但喪屍同樣不知危險。

如果你手頭沒有任何武器，記得躲起來不發出半點聲音，因為聲波似乎是喪屍的追蹤目標。遇屍要屏息靜氣，無論是面對喪屍還是中國殭屍，是「如有雷同」的自保之道。

以利刃把喪屍斬首，是有效的毀滅喪屍手段。

喪屍出沒注意——病毒與真菌殺機

電影、電視、文學裡，喪屍經常被描述爲某種傳染性病毒，感染了某人後，病毒控制了宿主，那人便失去了本身意識，淪爲四出攻擊活物的行屍走肉。當那人通過咬傷或體液接觸其他人，倒霉的受害者將會是下一個喪屍。

尋找合理解釋

究竟什麼病毒這麼惡毒？一本煞有介事的文學作品（註1），便構思了一種名爲「Solanum」的病毒。這種病毒以血液爲傳播媒介，會影響細胞複製的早期階段，使人體的心跳機能停止，導致「死亡」，但大腦則以休眠的方式存活。下一階段，病毒把腦細胞變異進化爲全新的

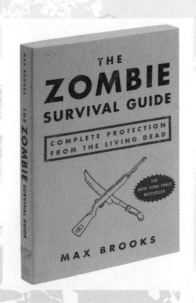

器官，從此無需依賴氧氣進行生命活動。至此，這副軀體已形成一種高度獨立的維生體系，有異於正常人體的生理機能，成爲嶄新的生物體——喪屍。

近年喪屍電影此起彼落，各作品也作出不同設想。喪屍是如何煉成的？朊病毒（Prion，是一類僅由蛋白質構成感染性物質，不含核酸，被歸類爲亞病毒因子）、瘋牛症、麻疹、狂犬病（瘋狗症），以至藥物、

喪屍迷的經典著作《喪屍生存手冊》

輻射、生化武器，均被電影人看中，成為喪屍出現的合理解釋。

你可能疑惑，就算再怎麼疑幻疑真，電影畢竟是虛構的，有何討論價值？但你可知，世上曾有不少「真實的」專家學者，為喪屍的可能成因提出理論，這包括病毒論、藥物論、精神病論、嚴重抑鬱症論……

太理性的讀者至此或許已抓狂了！為啥一眾專家要吃飽飯沒事幹，為電影橋段或小說情節去解話？原因無他，世上的的確確有些個案特徵，非常疑似喪屍復生！

喪屍危機1：狂犬病

美國國家地理頻道曾播出紀錄片《殭屍背後的真相》(The Truth Behind Zombies)，片中的科學家提出，一些病毒確實會讓感染者出現攻擊性，甚至做出類似喪屍的行為。

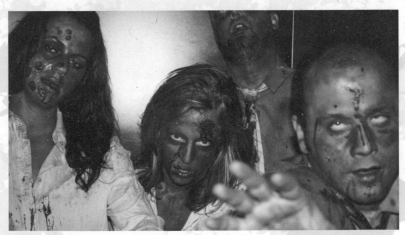

美國國家地理頻道拍製的紀錄片《殭屍背後的真相》。

其中一種「喪屍」候選病源便是狂犬病。美國佛羅里達州邁阿密大學米勒醫學院病毒學家薩米塔‧安德里恩斯基表示,狂犬病可感染人類中樞神經系統,讓感染者陷入瘋狂狀態。人感染狂犬病病毒後,病徵通常不會立即顯露出來,而是一直潛伏在體內,潛伏期可長達 10 天至一年。一旦出現患病徵象,如焦慮、精神錯亂、幻覺以及癱瘓,已是發病了,感染者可在一周內失去生命。科學家表示,如狂犬病病毒的遺傳密碼產生變異,潛伏期將大大縮短。安德里恩斯基表示,如果狂犬病發生變異,完全有可能在一至幾小時內導致感染。

喪屍研究學會負責人馬克斯‧莫格克表示,如果狂犬病與一種流感病毒結合,並在空氣中廣泛傳播,電影中的「喪屍末日」景像便有可能發生。

喪屍危機2:蚊子殺機

另一種會為地球製造喪屍的「潛在兇手」便是蚊子。蚊子可攜帶寨卡病毒、登革熱病毒、基孔肯雅熱病毒和西尼羅河病毒,並能造成蚊媒感染的流行。專家記錄研究在 2012 年至 2014 年間在太平洋地區爆發 28 次登革熱、基孔肯雅熱和寨卡病毒,至少涉及 120,000 人。其中寨卡病毒在 2015 年和 2016 年在整個南美洲和北美洲迅速傳播。這種病毒可導致胎兒小頭畸形和神經系統綜合徵,包括格林-巴利綜合徵和腦炎。這種病毒若突變,可能會改變其侵襲神經的潛力,產生新的綜合症,包括具有類似於喪屍表徵的慢性腦病。

喪屍危機 3:基因工程

美國弗吉尼亞理工大學病毒學家伊蘭庫瑪蘭‧蘇比亞表示,同一

種病毒的不同形態或者不同毒株，可以透過「重配」的過程交換遺傳密碼。不過，彼此無關的病毒本質上無法進行「雜交」。他認為狂犬病病毒和流感病毒之間差異太大，無法共用遺傳資訊，無法結合和匹配。

但邁阿密大學的安德里恩斯基指出，儘管難度極高，培育出狂犬病與流感雜種病毒，理論上是可能的，只需利用現代基因工程技術。她指出，狂犬病如與流感病毒結合，便能在空氣中傳播；與麻疹病毒結合，便能使感染者的性格發生變化；與腦炎病毒結合，可讓感染者發燒，侵襲大腦；若與伊波拉病毒結合，感染者將內臟出血。

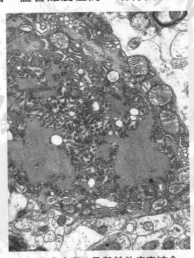

即是說，基因工程技術可使狂犬病病毒更具攻擊性，病徵十分類似「喪屍」。那麼世上傳聞過的喪屍個案，莫非真是基因實驗的結果？

狂犬病毒一旦與其他病毒結合，便可能爆發喪屍危機。

喪屍危機4：真菌入侵

人類是否出現過喪屍，到了今天仍屬於科幻題材。但地球上有生物已淪為喪屍，卻是千真萬確；而兇手，就是大家也聽過的冬草夏草。世界上許多昆蟲不得不與冬蟲夏草抗爭，戰況十分慘烈。

全世界有超過 400 種冬蟲夏草，研究表明每一種都專門針對特定的昆蟲物種。冬蟲夏草（Ophiocordyceps sinensis）又稱蛇蟲草，是一個真菌屬，有200多種，真菌學家仍在統計中。

這些真菌種類藉著孢子感染各種昆蟲，並在全身增殖，取代組

織，直到只剩下外骨骼。感染發生後，寄生眞菌控制了昆蟲的行爲，協助眞菌孢子繁殖。

冬蟲夏草的品種之一——Ophiocordyceps unilateralis sensu lato，專門感染、控制和殺死原產於北美的木蟻（Camponotus castaneus）。賓夕法尼亞州立大學（Penn State）大學的研究人員發現，O. unilateralis 完全控制了螞蟻的肌肉纖維，迫使牠們按照「想要」的方式移動。

一旦孢子進入螞蟻身體，就開始產生控制螞蟻活動的化學物質。受感染的個體不再按照其在蜂中的自然角色行事。眞菌迫使喪屍螞蟻爬到高處植被的頂部，附著那裡並死亡。孢子繼續擴散到全身，取代所有軟組織。接著眞菌從螞蟻頭上長出子實體，完成其繁殖週期。接下來的幾天裡，眞菌生長，最終釋放孢子，感染下一個受害者，製造另一隻螞蟻喪屍。

賓夕法尼亞州立大學昆蟲學和生物學副教授大衛休斯指出，「我們發現宿主中很大一部分細胞是眞菌細胞。」

冬蟲夏草操縱生物的機制尚未完全清楚。過去專家認爲宿主是通過化學物質來接管腦部，但最近的研究表明，眞菌接管的是肌肉功能，直到最後螞蟻的大腦仍完好無損。

如果蛇蟲草的對象是人類，而人體的防禦機制失敗的話，那麼當眞是「細思極恐」了。因爲若眞菌把我們變成喪屍，我們可能會完全意識到自己在做什麼，卻完全無力阻止，成爲眞正的行屍走肉。

註1：《喪屍生存手冊》（The Zombie Survival Guide: Complete Protection from the Living Dead），Max Brooks著。

真實世界的喪屍疑雲

病毒學家揚言，如果有人利用基因工程，把狂犬病毒與其他病毒如流感、麻疹、腦炎、伊波拉等結合，世上便有可能出現喪屍末日的景像。當然，現實世界尚未末日，亦未見喪屍空群出動入侵都市。不過，歷史上確有不少疑幻疑真的疑似喪屍出沒個案，很值得大家探究。

以色列的傳聞

荷里活影星畢彼特（Brad Pitt）主演 2013 年上映電影《地球末日戰》（World War Z），講述美國費城一天突然遭喪屍瘋狂嘶咬，全城淪陷。電影劇本改編自馬克斯·布魯克斯（Max Brooks）於 2006 年出版的同名小說《World War Z: An Oral History of the Zombie War》。這位馬克斯專門撰寫世界末日求生、喪屍防治實踐等書籍，雖是虛構，卻也相當認真，為寫此系列書籍，他曾前往世界五大洲三十多個國家進行實地調查，他曾說：「在這本小說裡，所有的故事都是真實的，而且也都是根據真實的故事改編來的——除了喪屍這個元素。書籍中的社會、人性、經濟、政治、文化、軍隊，都是從現實世界照搬來的。」

有趣的是，儘管聲言「除了喪屍這個元素一切真實」，美國一些權威機構卻表示若要對抗食人喪屍，免於人類滅絕浩劫，則一定要借助 Max Brooks 的喪屍防治權威知識。

在《World War Z: An Oral History of the Zombie War》中，他記載／創作了以下一宗事件： 1975 年，埃及情報局截獲一則訊息，那是一宗求救訊想，地點位處近以色列的 Al-Marq，由於當時並無戰事，所在地位置敏感，故把紀錄交給美國軍部情報官，由美方把訊息轉至以色列軍方。以色列總參謀部將信息視為玩笑並忘掉，除了 Jacob Kor-

《地球末日戰》的情景，可會成為現實？

sunsky 上校，他似乎對喪屍的存在有一定了解，發起一次偵查行動，率領的一排傘兵降落在 Al-Marq 中央，果然發現整條村皆被喪屍佔據。結果，經歷在一場 12 小時的戰鬥後，軍方清除了全部喪屍，並放火燒掉整條村落。Korsunsky 後來死於 1991 年，他的自傳、個人檔案、軍隊通訊，都被封存在以色列政府裡，列為機密。請留意，這是一則小說故事，但外國有陰謀論者聲稱以色列確實暗裡流傳類似傳聞。

731部隊恐怖實驗

　　歷史軼事還有不少，同樣真實性有待查證。其中一宗涉及惡名昭著的日軍 731 部隊，那是日軍一隊從事生物戰細菌戰研究和人體試驗研究的秘密軍事醫療部隊的代稱。據元關東軍第 731 部隊第三部本部

付運輸班員越定男在著作《太陽旗上的紅淚》（註1）披露了多宗細菌實驗：

「為了將細菌武器應用於戰場，731 部隊在野外頻繁地進行人體試驗，當時黑龍江安達野外試驗場是重要的基地。越定男証實：把『犯人』用囚車押運到安達野外試驗場后，分別綁在事先準備好的相距五十米的柱子上，給他們戴上鋼盔，用鐵板護住胸背等要害部位，只將胳膊、腿、臀等多肉部分露出，然后飛機低空投下染有鼠疫菌、炭疽菌的炸彈。炸彈在人群中爆炸，菌液就像雨點般落下來的時候，受害者開始撕心裂肺的慘叫。」

但有一次卻發生「事故」：「一個人把繩子全解開了，一個人已經逃了出來，一個一個地解，在我們飛快地跑到時四十人已經全部解開，他們分散向四面八方逃去，如果逃走就會成為很嚴重的問題。已經沒有辦法，所以要用汽車把他們全部軋死。」乍聽起來，這僅是一宗「逃犯」事件，但有研究者指出故事背後的更多細節：原來那些實驗品在日軍趕到時曾激烈反抗，不但力大無窮，更嘶咬殺傷不少軍人，因此日軍不得已才用車將他們軋死。

越定男在著作《太陽旗上的紅淚》披露日軍的秘密。

製造超級士兵

那一役，日軍究竟在進行怎樣的實驗？資料顯示，日本曾給士兵服用甲基安非他命（methamphetamine，呈白色晶體或粉末狀，俗稱「冰

毒」)以提高戰鬥力。二戰時,納粹軍廣發甲基苯丙胺(以 Pervitin 爲註冊名稱)予士兵以作興奮劑之用,特別是在蘇德戰爭時的黨衛隊人員及德意志國防軍。希特勒本人亦曾注射甲基苯丙胺。

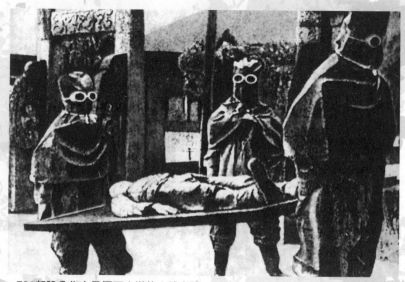

731部隊曾作大量極不人道的人體實驗。

冰毒會讓身體長時間高度亢奮,服用後精力充沛,但若停止服用,會產生反作用。過量使用可導致急性中毒。嚴重者出現精神混亂、性慾亢進、焦慮、煩躁、幻覺狀態、死亡。種種蛛絲馬跡令人懷疑,日軍會否在人體實驗中無意製造了他們控制不了的喪屍?歷史真相總是隱沒在煙幕裡,但這一回,竟然有間接佐證出現在廿一世紀。

註1:《日の丸は紅い泪に:第731部隊員告白記》,越定男著。

屍戲迫人

《地球末日戰》暗示對世界最大威脅誰屬

《地球末日戰》(英語：World War Z)於 2013 年上映，由馬克・福士導演，馬修・邁克爾・卡納漢編劇，改篇自馬克斯・布魯克斯的同名小說。畢・彼特飾演前聯合國工作人員—傑瑞・藍恩，被迫肩負起在全球調查讓人類因何感染變爲喪屍，追查病毒之起因，以阻止人類滅絕之危。

在電影原著小說中，暗示病毒的源自一名被咬的中國男童，將病毒擴散至全國後往外傳染，儘管中國官方試圖隱瞞疫情，但以色列無意中發現眞相。事隔不久，南非出現了「非洲狂犬病」，迅速擴散至全球。爲求自保，各國採取應變措施，更發展至不惜互相開戰，甚至以活人爲餌來吸引喪屍……全球瘋狂失控。

世界混戰持續十年，喪屍仍未滅絕，世界新秩序已形成：古巴成了最強經濟體，全球格局大改變。聯合國獲更強軍力，掃蕩各地成群結隊的喪屍……

如此傷害某國人民感情，當電影意圖進入那片土地時，企圖爭取龐大市場利益時，自然不得不修改劇情。

《地球末日戰》描述遭喪屍攻陷的世界。

喪屍就在你身邊——化學危機

毒品可製造喪屍，證據已在近年曝露於公眾眼前！儘管這種「喪屍」未必如電影中所描述般具高度傳染性，但一樣力大無窮，喪失心志，見人撲咬，血腥程度不遑多讓。若被野心家利用濫用，後果不堪設想。

世界各地喪咬事件

2002 年 4 月，說唱歌手 Big Lurch 攻擊室友 Tynisha Ysais，吃掉她的臉和肺。當警察逮捕 Big Lurch 時，他全身赤裸，渾身是血，對著街道中央的天空大喊大叫。原來他吸食了五氯苯酚，被判處無期徒刑。

2012 年 5 月，邁阿密發生一宗「食臉男」事件。閉露電視片段顯示，事發當日下午，全身赤裸的尤金（Eugene）沿堤道行走，突然走向橋底午睡的一名露宿漢 Ronald Poppo，將他拉出，騎在對方身上連揮數拳，然後瘋狂啃咬其臉頰。警察不得不多次向尤金開槍，直到他死於槍傷，才停止吃露宿漢的臉。Ronald Poppo 在襲擊中倖存下來，但遺憾的是被「喪屍」襲擊者毀容了。數日後，21 歲的利昂（Leon）在波士頓一間餐聽店內大吵大鬧，企圖咬前來處理警員的手。

現代都市發生有人瘋狂啃咬他人臉頰的血腥事件。

　　2014 年 7 月，英國一名男子到西班牙旅游，在沙灘上見人欲咬，嚇得泳客紛紛走避。警員隨後到達現場，須合十名警察之力，方能制伏這名狂性大發的男子。

　　在香港，2012 年香港荃灣深夜有一名 90 後迷幻青年，如行屍走肉般至荃灣葵盛圍一間中學外，甫見學校保安員突然發狂襲擊，僅隔九分鐘再於附近緊咬另一名夜歸少女頸部，大批警員事後到場圍捕，才將迷幻青年制伏拘捕。

喪屍浴鹽與冰毒關係

　　原來，這些狂性大發見人欲咬的人，疑服用了被媒體稱為「喪屍浴鹽」的毒品。化學名稱為亞甲基二氧吡咯戊酮（ Methylenedioxypyrov-alerone ），簡稱 MDPV，是歐美十分流行的迷幻藥，由於外形如同海鹽，故稱之為「浴鹽」。

　　浴鹽屬於類安非他命的毒品，主要成分包括 MDPV、lephedrone 與 mephedrone（俗稱喵喵），具使中樞神經興奮的特性，吸食後可能出現情緒亢奮、精神錯亂、激躁、幻覺、暴力和妄想等症狀。亞甲基二氧吡咯戊酮聽起來陌生，但其「近親」冰毒（ 苯丙胺和甲基苯丙胺 ）卻廣為人知。「浴鹽」是和冰毒結構非常類似，同為中樞神經興奮劑。吸食「浴鹽」可導致腎上腺素持續極增，身體處於偏執的恐懼和憤怒狀態。

　　話說 1893 年冰毒面世時，被稱為「覺醒劑」，二戰時期，日軍為解除士兵疲勞和強化能力，欲製造「超級士兵」而廣泛使用。偏巧「浴鹽」也有類似功效，美國專家安東尼‧薩喀爾索博士表示，吸食「浴鹽」會導致腎上腺素持續數小時極端上湧，使人處於偏執的恐懼和憤怒狀態，令人體大腦異常地處於本能求生的「超頻」波段，讓更多氧氣傳遞到肌肉，增加肌肉的力量。

　　一連串的現代新聞個案，竟與史上的重大事件隱然有所牽連。可見二戰時傳聞納粹和皇軍意圖製造「超級士兵」，但誤造出不受控的喪屍的「傳聞」，不見得完全是科幻故事。

　　怪不得喪屍總是力量驚人，非一般人所能抵敵，人體之奧妙確實難以窮盡。當毒品橫行，喪屍便不再「神怪」，可能有一隻就在你身邊！

來自權威機構的「預警」

　　不是說外國月亮特別圓，但老外普遍有幽默感——至少不會像某國外交發言人般每天緊繃著臉板起面孔來遮掩內心虛怯——一些權威機構也不時開開玩笑。譬如美國疾病防控中心便曾發佈「喪屍預警指南」，教民眾如何避難。本來，對於這類惡搞文章，認真你便輸了，但若然一而再再而三地有官方機構對同一議題苦口婆心，到底是搞笑，抑或在示警？

專業人士的示警

　　2011 年，美國疾病控制與預防中心（Centers for Disease Control and Prevention，CDC）推出「喪屍末日啟示」（Zombie Apocalypse）（註1），立刻引發網民熱議和追捧，網站瀏覽量暴增，究竟是什麼一回事？

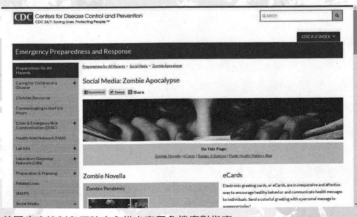

美國疾病控制與預防中心推出喪屍危機應對指南。

　　原來，最初是 CDC 的一名助理醫生 Ali S. Khan 張貼在 CDC 公共衛生事宜博客上。他這樣說：「有很多緊急狀況，我們可以及早準備，例如喪屍災難。你沒看錯，講的是喪屍災難。你可以笑，但它一旦發生，你會很高興讀過這篇文章，哎，也許你可以藉此學習如何準備應付真正的緊急狀況。」

　　CDC 建議，萬一喪屍危機在未來成為「真實」，民眾須隨時準備好「求生包」，裡面有水、食物、藥物、電池式收音機、萬用刀和重要証件等，另外應預先制訂一個應急計劃及兩個預定集合地點，遇事時可前往難民營躲避。CDC 嚴肅地指出，這些建議可讓美國人為颶風季來臨而做好準備。

軍方、國防部也發言

　　後來，繼美國疾控中心發佈喪屍應急指南，英國的布里斯托爾市議會也向公眾發佈了喪屍應變方案，該文件概述了四個階段的入侵預警系統，最低級為商業照常運轉，最高級為喪屍大流行，即感染率超過30%。

　　該應變方案聲稱將會使用暗號向公眾提供秘密指示，包括國民怎樣配備武器如電擊槍和防護服的細節，以及如何正確殺死一具喪屍——用巨力完全斷開喪屍身體和腦幹的聯繫，或把整個頭部砍掉；但最佳辦法還是跑到議會大樓，那裡可能有人知道該怎麼做。

　　英國《每日郵報》報道，不斷有英國市民詢問，若有喪屍入侵，政府會如何應對，英國軍方對此予以回應，稱已經做好部署和準備。英國國防部則表示已就喪屍來襲擬定應變計劃，並稱「若發生世界末日事件，比如喪屍進攻，戰鬥和重建工作將由內閣辦公室領導，各項計劃也都在那裡制定。國防部在此類事件中的角色是向政府其他部門提供

軍事支援，而非擔任領導角色。」又揚言務求令「英國重拾遇襲前的光榮」。

　　這是英式幽默，還是有關部門希望爲大衆打「預防針」，讓民衆對可能出現的奇異事件有心理準備？

註1

https://wwwnc.cdc.gov/eid/article/24/9/17-0658_article

逃在起跑線　做足準備保命為上

　　姑勿論美國疾病控制與預防中心的喪屍災難應變指南是幽默玩笑或弦外之音，他們的建議，畢竟專業及實用，就算沒有喪屍襲人，也可以預防其他災害，何不參考及裝備起來，一旦遇事也可「逃在起跑線」！

必備求生包

　　根據 CDC 的建議，大家平時應預早準備一個「求生包」，內有水、食品等生活必備物資。先撐過最早幾天，你才有機會尋找及抵達難民營。遇到其他天災，它也可為你爭取幾天時間來等待救援，或讓社會恢復運作。求生包應預備以下物品：

- 水（每人每天一加侖）
- 食品（最好是不易腐敗的食品，如罐頭）
- 藥物（包括處方藥和非處方藥）
- 工具及用品（萬用刀，膠帶，電池供電收音機等）
- 衛生用品（家用漂白水，肥皂，毛巾等）
- 服裝及床上用品（為每個家庭成員準備衣服和毯子）
- 重要文件（駕駛執照，護照和出生證明副本等）
- 急救用品（被喪屍咬到大概命不久已，但逃難時難免有其他損傷）

　　準備好求生包後，便應該與家人商討一個緊急逃生計劃。這包括應該去哪裡，與誰及如何取得聯絡。最好議定兩個集合地點，一個離家較近，另一較遠，以應付不同的局面狀況。一旦發生事故，你可依以下步驟行事：

求生必備的求生包。

訂定防患計劃

1. 先確定目前狀況及災區範圍是否在你居住的地區。除了喪屍災難，你亦可能遇上洪水，龍捲風或地震。如果不確定，可聯繫當地紅十字會，以得到更多資訊。

2. 你可能因為不同狀況而不能回家，譬如喪屍已充斥你家附近。所以議訂兩個地方，一個在家附近，另一離家較遠作為遇事時的集合場所。

3. 確定緊急聯絡人。準備一張警察、消防部門和當地的喪屍應變小組的聯繫人名單。透過緊急電話，可向家人報平安。

4. 計劃疏散路線。一旦喪屍餓了，不會停止攻擊直到取得食物，即是說你必須盡快徹離。你最好計劃多條路線，這亦有利於應付各種自然災害。

世界各地的喪屍狂熱

　　所謂「不見棺材不流淚」，當世界一天仍未出現真正的喪屍危機，世人對喪屍的存在絕不會恐懼，而是覺得很酷很有趣，這從一齣接一齣的喪屍電影與劇集、玩之不完的遊戲、無窮無盡的小說和漫畫……相繼推出便可知一二。最煞有介事的莫過於遊行和「都市喪屍出沒」事件，簡直令人猶如置身喪屍世界。

　　中國人有鬼節，外國也有「喪屍遊行」，每年此時此際，逾千人化上喪屍妝，皮膚潰爛、血流披面，有的手執一幅「人腦」，有的啃著人心，蹣跚而行，屍行遍野。

近年外國十分流行的「喪屍遊行」。

喪屍遊行蔓延全球

自 2000 年代起美國興起喪屍遊行，數年後引入瑞典，慢慢「傳染」到歐洲其他地區，幾乎成為年度恆例，比利時、英國伯明翰、西班牙等地均舉辦過喪屍遊行，讓恐怖（和快樂）蔓延整個都市。

主辦單位往往會提供專業化妝師免費為民眾化喪屍妝，利用假血漿、黏膠、紙團，製造傷口糜爛、肚破腸流之貌。有民眾為求逼真，還自備道具，如假人斷肢、道具大腦、血肉模糊的道具肉團等。雖然世上本有性質類近的萬聖節，大家同樣裝神弄鬼，但那一天是木乃伊、女巫、南瓜鬼、幽靈船長等大彙集，像喪屍般如此獨當一面，倒是罕見，足見大眾對喪屍何等情有獨鍾。

吉隆坡喪屍事件

更出位的是疑幻疑真的宣傳活動。2011 年，一則毛骨悚然的新聞被網民瘋狂轉載，據稱在馬來西亞的吉隆坡某商場出現喪屍，報道指有目擊者親述經歷，但政府部門三緘其口，堅稱絕對沒有喪屍。

吉隆坡喪屍事件

　　該新聞附以報紙掃描圖，以事件更形逼真，令不少人誤以為真，比較清醒的網民紛紛跪求真相。真相是：那所謂的「報紙」，在圖中可見是《Comixo日報》，還附載網址及宣傳語，原來只是一個動漫網站的廣告手段。以行銷手法來說，這當然高明，也間接提醒網民，「有圖有真相」絕對不是真理，在真偽混雜的年代，什麼也得細心推敲分辨。

　　愛好者對喪屍殭屍的熱情，絕不能少覷，外國更有人成立「聯邦吸血鬼喪屍局」（The Federal Vampire & Zombie Agency）及「喪屍研究協會」（Zombie Research Society）（註1）等組織，如果「喪屍」真的威脅人類，說不定這類組織有朝一日發展成「類官方機構」，也不是什麼稀奇事。

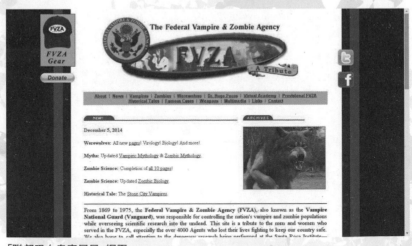

「聯邦吸血鬼喪屍局」網頁

註1：The Federal Vampire & Zombie Agency：www.fvza.org及Zombie Research Society：http://zombieresearchsociety.com/about-us

主要參考文獻

圖書

Charlotte Booth, A History of the Undead: Mummies, Vampires and Zombies, 2021.

Stacey Abbott, Undead Apocalypse: Vampires and Zombies in the 21st Century, 2016

安格莉卡‧法蘭茲、丹尼爾‧諾斯勒著,《砍頭與釘椿:不死族的千年恐懼與考古追獵之旅》,漫遊者文化出版,2018。

吉姆‧斯坦邁耶著,《誰是德古拉　吸血鬼小說的人物原型》,2021。

阿萊桑德拉‧畢賽亞著,《吸血鬼德古拉的真實》,晨星出版社,2010。

麥克斯‧布魯克斯著,《打鬼戰士1:世界末日求生指南》,遠足出版社,2008。

森瀨繚、靜川龍宗著,《圖解吸血鬼》,奇幻基地出版,2010。

鮑勃‧庫丘著,《僵尸》,長春:吉林出版集團有限責任公司,2010。

羅伯特‧坦普爾著,徐俊培譯,《神諭‧東西方<易>卜術揭秘》,上海科技教育出版社,2008。

夏之乾著,《中國少數民族的喪葬》,中國華僑出版公司,1991。

袁枚著,陸海明等譯,《子不語全譯》,上海古籍出版社,2012。

陸群著,《你不知道的湘西趕屍》,知本家出版,2008。

學術文章

Aldana Reyes and Verran, "Emerging Infectious Literatures and the Zombie Condition." https://www.academia.edu/70743520/Emerging_Infectious_Literatures_and_the_Zombie_Condition

Connie Nugent, MLS, Gilbert Berdine, MD, and Kenneth Nugent, MD,"The undead in culture and science",https://www.ncbi.nlm.nih.gov/pmc/articles/PMC5914483/

馮藝超，《子不語》正、續二書中僵屍故事初探，《東華漢學》第 6 期；頁 189-222。

黃鈺婷，〈初探中國的殭屍文化—以《聊齋誌異》與《子不語》之屍變故事爲例〉。

網站

https://blogs.loc.gov/law/2014/10/does-the-haitian-criminal-code-outlaw-making-zombies/

https://www.floridamuseum.ufl.edu/caribarch/education/zombi/

https://www.history.com/topics/folklore/history-of-zombies

https://www.ncbi.nlm.nih.gov/pmc/articles/PMC5914483/

https://www.nytimes.com/2020/12/14/travel/torajan-death-rituals-indonesia.html

https://www.salon.com/2015/08/22/did_nazis_really_try_to_make_zombies_the_real_history_behind_one_of_our_weirdest_wwii_obsessions/

https://www.smithsonianmag.com/history/the-great-new-england-vampire-panic-36482878/

https://www.syfy.com/syfywire/science-behind-the-fiction-how-could-zombies-actually-rise-up

後記

　　這本書基於筆者七年前的《屍人檔案》增修而成。原書架構中，首三章寫殭屍喪屍，第四章寫巨人，巨人文章早已抽出放在拙作《異界默示錄》。這次重新編修本書，本來就打算大幅增訂這幾年間發掘到的有趣材料，沒料到一加便四萬五千字，幾乎是原書主體架構的一倍內容。所以雖是舊作重製，但對我來說，《屍變傳說》與新書無異。

　　主要增修內容包括經典詭異傳說(故事)、德古拉身世、吸血鬼考古、死靈法師及死靈法術、海地喪屍源流細節、少數民族喪葬習俗與詐屍關係等等。部分觀點也有所調整。

　　吸血鬼、殭屍和喪屍，三者看來無甚直接關連，共通點是均涉及「原本應該安躺於墳裡的死者，不知何故竟回到人間」的傳聞，這就是本書的主題脈絡——屍變傳說。「屍變」信仰從縱向的歷史深度，到橫向的地理覆蓋廣度，或明或暗地影響著人類的生活。大學裡學者會從歷史角度審視它、科學家會從科學角度研究它、軍方會從模擬危機角度提防它、流行文化會從娛樂角度消費它、作家會汲取養分書寫它。我認為其魅力與影響力直迫鬼魂與外星人，是神秘及恐怖題材的重要角色。

　　撰文時，筆者已致力平衡「資料性」與「趣味性」，相信這是華文圖書中講述吸血鬼、殭屍和喪屍比較詳細的專題書籍。將它歸隊到「筆求人工作室」神秘系列一直是本人心願。

　　編修本書時，我找到一些有少許關連但偏離主題的材料，基於剪裁考量，沒放入本書之中。這些滄海遺珠將在YouTube節目「異界默示錄」(節目載於「筆求人」頻道：youtube.com/@seekerpublication) 中細述。線上線下、書裡書外，讓我們一起分享鑽研「殭屍」及其他神秘話題的宅趣味。

列宇翔

2022年10月

屍變傳說

殭屍・喪屍・吸血鬼

作者　　：列宇翔
出版人　：Nathan Wong
編輯　　：尼頓
設計　　：叉燒飯

出版　　：筆求人工作室有限公司 Seeker Publication Ltd.
地址　　：觀塘偉業街189號金寶工業大廈2樓A15室
電郵　　：penseekerhk@gmail.com
網址　　：www.seekerpublication.com

發行　　：泛華發行代理有限公司
地址　　：香港新界將軍澳工業邨駿昌街七號星島新聞集團大廈
查詢　　：gccd@singtaonewscorp.com

國際書號：978-988-75976-1-2
出版日期：2022年11月
定價　　：港幣118元

PUBLISHED IN HONG KONG